민사고의 특별한 수업

민사고의 특별한 수업

세계가 주목한 민사고
융합영재교육의 비밀

김선·이상형·최민성·박제우 지음

혜화동

민사고 융합교육이 갖는 의미

교육학자로서의 나의 첫 저서인 『교육의 차이』가 출간된 후 민족사관 고등학교(이하 민사고)로부터 연락이 왔다. 교사 대상으로 세미나를 해 달라는 것이었다. 학교를 졸업한 후 거의 20년이 지났는데, 나를 가르 치셨던 선생님들을 상대로 '교육'에 대해서 논해 달라니! 솔직히 설렘 보다는 두려움이 앞섰지만 모교의 부탁을 거절할 수가 없었다.

막상 학교 강당의 교단에 서니 익숙한 얼굴들이 하나둘씩 보였다. 맨 앞줄에 앉아 계셨던 한문 선생님의 얼굴을 본 순간 눈물이 왈칵 쏟 아졌다. 민사고를 다녔던 학교 설립 초기, 민족주체성 교육을 강조하 던 학교의 기조에 맞추어 우리는 밤 10시에 '명심보감' 수업을 들어야 했다. 선생님을 보니 그때 선생님의 나긋한 목소리에 맞추어 꾸벅꾸 벅 졸던 나의 모습이 불현듯 떠올랐다. 철부지 사춘기 소녀였던 내가 이제는 교육학자로 모교 강단에 서다니… 참으로 뜻깊은 경험이 아닐 수 없었다.

그렇게 학교와 인연이 맺어져서 민사고의 교육과정 전반을 다듬고 시스템화하는 자문 위원으로 일하게 되었다. 공교롭게도 정부의 자사고 폐지 정책과 맞물려 학교는 존립 위기의 상황으로 내몰렸고, 자문 위원으로서 학교의 교육과정을 정교화하는 작업이 더욱더 중요하게 느껴졌다.

특히 민사고의 융합교육은 문·이과를 통합하는 교육 프로그램이라 더 고민이 많았다. 문·이과 통합 융합교육 프로그램은 국내에서 처음 행해지는 교육과정이라 벤치마킹할 수 있는 프로그램도 마땅히 없었다. 그래서 참여하는 교사와 학생들의 의견을 충분히 수렴하여 개선점을 마련할 수밖에 없었다.

이러한 과정을 통해 나는 교사들뿐 아니라 민사고 재학생들과도 교류하게 되었다. 그중 '민사고 융합교육을 어떻게 개선할 수 있을까?'에 대한 문제의식을 갖고 융합 프로젝트를 시작하려는 세 명의 재학생이 있었는데, 이들이 바로 이 책의 공저자가 된 박제우, 이상형, 최민성 학생이다.

민사고의 융합영재교육 프로그램을 개선하기 위해 세 명의 학생이 주축이 되어 학생 설문조사를 하였고, 또한 프로젝트 사례에 대한 케이스 스터디를 진행했다. 케이스 스터디의 사례가 된 다섯 개의 프로젝트에 대한 심층 분석을 위해 참여 학생 및 교사에 대한 인터뷰를 진행했고 그 내용은 이 책의 토대가 되었다. 또한 학생들은 학교 측과 함께 협업을 통해 융합영재교육 프로그램에 대한 자세한 설명을 담은 웹사이트를 제작하기도 했다.

이렇게 세 학생과 함께 시도한 다양한 연구 방법을 통해 얻어낸 데이터는 민사고의 융합교육의 목적과 같은 기본적인 요소부터 바꾸고 개선하는 데 근거가 되었다. 이러한 테스트와 피드백의 과정을 진행하는 데 있어서 현재의 융합교육과정을 어떠한 완성된 형태로 간주한 것이 아니라, 지속적으로 고쳐 나가야 하는 프로토타입(prototype)으로 설정하고 생각한 것이 큰 도움이 되었다.

나는 'Under construction(공사 中)'이라는 영어 표현을 좋아한다. 단순히 개인적인 인생 여정뿐만 아니라 우리가 하는 많은 활동과 사업을 이런 관점으로 바라보는 것이 상당히 도움이 된다는 것을 발견했기 때문이다. 이런 의미에서 이 책에서 소개하는 민사고의 융합영재교육 프로그램도 독자들이 '공사 中'인 작업으로 간주하고 읽어 주셨으면 하는 바람이다. 수많은 실패와 피드백, 도전으로 만들어지는 '현재 진행형'인 프로젝트의 모습이 민사고 융합영재교육 프로그램이 선보일 수 있는 최선의 모습이라고 저자는 믿는다.

이 책에서는 민사고 학생들과 교사가 경험한 다양한 사례와 인터뷰를 통해 독자들로 하여금 융합이란 무엇인지, 융합교육이란 무엇인지, 그리고 융합교육으로 학생들이 얻을 수 있는 유용한 역량이 무엇인지에 대해 생각해 볼 수 있는 기회를 마련하고자 했다.

융합교육과 관련된 여러 주제에 대한 구체적인 이해를 돕고자 학계에서 논의되는 다양한 이론적 배경뿐만 아니라 다른 나라의 사례도 소개했는데 이는 민사고 융합교육이 국제적으로도 통용될 수 있는 귀중한 융합교육적 모델이라는 것을 알리고 싶은 마음도 있어서이다.

융합영재교육 프로그램을 통해 드러나는 민사고 교육의 인재상이 미래 한국 사회의 '정직하고 깨끗한' 사립학교의 모델로써, 아니 이를 추구하는 하나의 밀알로써 쓰일 수 있으면 참 좋겠다.

마지막으로 민사고의 자문 위원으로 위촉해 주신 최경종 행정실장님 및 이창규 사무국장님, 민사고 교사 및 학생과 함께 교육과정을 다듬을 수 있는 기회를 주신 한만위 교장 선생님, 최관영 부교장 선생님, 강문근 부교장 선생님, 수업 지도안을 사용할 수 있게 허락해 주신 전동성 선생님, 그리고 융합 프로젝트 보고서와 인터뷰를 통해 민사고의 융합교육을 잘 묘사할 줄 수 있게 도와준 이윤상, 이성혁, 정성현, 정재웅, 조형근(VR Campus 프로젝트), 김태림, 김해인, 박유민, 오승은, 이정달, 정지민(소사 박물관 프로젝트), 김민기, 오서연, 최민성, 최서연(민사킬라 프로젝트), 이종민, 이태영, 이상형, 이승호, 정현우(설레발 프로젝트) 학생들에게 감사의 마음을 전하고 싶다.

강원도 횡성에서
김선

차례

1장

왜 융합교육일까?

융합교육이 대두된 필연적 이유

챌린저호 사건

1986년 미국에서는 우주 왕복선 챌린저(Challenger)호가 발사 후 상공에서 폭파되어 7명의 사상자가 발생한 사건이 일어났다. 미국 정부위원회는 우주선의 핵심 부품이었던 O-ring이 발사 당시 낮은 온도로 소재의 특성이 변화되었고 이로 인해 연료가 새어 나간 것이 화재를 일으킨 것으로 밝혔다.

화학자, 물리학자, 기상학자들이 머리를 맞대어서 O-ring을 비롯한 핵심 부품의 역할과 움직임에 대해서 연구했음에도 불구하고 각자 전문 분야에서 가지고 있는 이론의 다양성을 적용하고 예측한 것이 한계에 부딪히고 만 것이다. 챌린저 우주선의 소재를 만든 과학자들이 소재의 내구성에 대해 모든 것을 알 수는 없는 노릇이었다.

조사 중에 우주선의 발사 의사결정에 참여한 사람들 중 몇몇이 O-ring의 소재 특성에 대한 의문을 제기한 것으로 알려졌다. 그중 한 명이었던 페트론 박사(Dr. Petrone)는 우주선의 제작 과정에 대해 다음과 같이 말했다:

> "우리를 가장 걱정시켰던 것은 바로 알려지지 않은 기준치에 관한 것이었습니다. 우리는 한 번도 그와 동일한 조건에서 우주선을 발사시킨 적이 없었고, 그렇기 때문에 우리는 그저 미지의 세계에 와 있는 듯한 느낌이었습니다(We just felt we had an unknown)."[1]

챌린저 우주선과 같이 복잡한 융합 프로젝트에서 참가자들은 미지의 세계에 와 있는 듯한 경험을 자주 하게 된다. 세계 최고의 전문가들이 뭉쳤음에도 불구하고 실패로 끝난 챌린저호 사건이야말로 융합 프로젝트에서 협업의 과정이 얼마나 어려운지 보여준다. 그리고 이를 가르치는 융합교육이 얼마나 중요한지 새삼 깨닫게 한다.

---

1   Rogers Commission (1986). Report to the President by the Presidential Commission on the Space Shuttle Challenger Accident. Retrieved June 20, 2017 https://history.nasa.gov/rogersrep/genindex.htm. p.114

달라져야 할 교육 패러다임

인공지능으로 대표되는 첨단 기술의 발전이 이전의 관습이나 제도, 방식을 흔들고 사회 구조 및 시스템을 급격하게 변화시킨다는 점은 아무도 반박하지 못할 것이다.

많은 학자와 교육가가 기존의 교육제도는 19세기 후반에 대량 생산을 촉발한 2차 산업혁명의 후예라고 주장한다.[2] 19세기 후반 '대량 생산'을 촉발시킨 혁명적인 사건은 무엇이었을까? 바로 공장에서 컨베이어 벨트를 활용해 분업화된 생산 방식을 만든 것이다. 이로써 이전보다 훨씬 더 생산성이 높아져 대량 생산이 가능해졌다. 대표적인 것이 '포드주의적 생산 방식(Fordism)'인데 이는 포드 자동차 공장의 생산 방식에서 유래된 것이다.

2차 산업혁명의 특징은 컨베이어 벨트로 상징되는 철저한 분업화다. 공장에서 일하는 사람들은 컨베이어 벨트에서 자신이 맡은 부분만 잘하면 되는 특정 분야의 '전문가'가 되었다! 이는 사람들의 사고 방식에도 영향을 끼쳤고, 학계뿐만 아니라 산업 및 경제를 포괄하는 사회 구조 속에서도 '전문화'가 방대하게 일어나게 된다.

---

2 DeVos, Betsy (March 6, 2018). "Does this look familiar? Students lined up in rows. A teacher in front of a blackboard. Sit down; don't talk; eyes up front. Wait for the bell. Walk to the next class. Everything about our lives has moved beyond the industrial era. But American education largely hasn't. #SXSWEDUpic.twitter.com/kyy2r7bTud". @BetsyDeVosED. Retrieved 2018-03-12.
Strauss, Valerie (Oct 10, 2015). "American schools are modeled after factories and treat students like widgets. Right? Wrong". Washington Post. Retrieved 2018-03-04.

19세기 후반의 대량 생산 방식의 산업혁명이 사람들의 사고방식을 '전문화'시키고 '분업화'시켰다면, 이제 21세기 산업혁명은 이를 다시 모아서 '융복합'시키는 방향으로 가고 있다.

　4차 산업혁명으로 인해 근본적으로 변화하는 세계의 노동시장은 새로운 인재상을 요구한다. 기술의 진보 속도로 볼 때, 현재 4년제 기술학교에서 배우는 지식의 절반 이상이 학생들이 학교를 졸업할 때쯤이면 시대에 뒤떨어질 것이라 예측한다. 만약 현재의 노동인구가 가지고 있는 지식이 몇 년 만에 쓸모없는 것이 된다면, 전통적인 정규 자격증이나 소프트웨어 프로그램 사용 능력 등에 기초한 인력 배출 방법은 급변하는 기술 변화를 반영하지 못하는 구시대의 것이 되어 버린다. 이런 의미에서 현재의 직업 교육에 근본적인 변화와 전반적인 재구성이 필요하다.

　기성세대가 가지고 있던 '평생직장(Life-long Employment)'의 개념은 이미 사라진 지 오래다. 교과서적인 지식을 습득하고 기능을 숙련해서 직장 전선으로 나갔던 시대도 끝났다. 지금 학교를 입학하는 어린이의 60% 정도는 현재 존재하지 않는 일(job)을 하게 될 것이라는 연구 발표도 나왔다.[3]

　종전의 교육제도는 학생의 지식 금고(fund of knowledge) 증대를 추구하는 학습이다. 새로운 앎의 방식(new way of knowledge)은 그대로 두고 새로운 내용만 기존 형식에 집어넣는 것을 추구하는 정보 습득 형

3　세계경제포럼 (2018). 일자리의 미래.

식의 학습이 주를 이룬다. 그래서 브라질의 유명한 교육학자 파울로 프레이리(Paulo Freire)는 기존의 교육을 '은행 저축식 교육(banking education)'이라 비판했다.

미래 시대에는 '무엇을 아는가(What to know)'에서 '어떻게 아는가(How to know)'에 초점을 맞춘 학습, 즉 나의 앎의 방식 자체를 바꾸는 '전환 학습(Transformative learning)'이 중요해질 것이다. 따라서 이제는 교과서적인 지식 획득이 아닌 제품과 서비스의 변화 속도에 맞게 유연하게 적응할 수 있는 '핵심 역량(Core competencies)'을 '스스로' 찾아서 배양할 수 있도록 교육해야 한다.

미래 사회 핵심 역량으로 일컬어지는 창의력, 비판적 사고, 복합적 문제 해결 능력을 배양하기 위해선 '인지적 유연성'을 기르는 것이 필수다. 미 노동부 직업정보 네트워크 콘텐츠 모델에 따르면 인지적 유연성은 "여러 가지 일을 다양한 방법으로 재배열하고 재구성하기 위해 다양한 종류의 규칙이나 원리를 적용할 수 있는 능력"으로 정의한다. 영어로 표현하면 '고정관념을 벗어난 사고(thinking outside the box)'라고 할 수 있다. 기존의 규칙이나 관습에 얽매이지 않는 것, 사물을 다양한 각도와 관점에서 파악하고 해석할 수 있는 것, 그에 따라 문제 해결을 위한 창의적인 시도를 해 보는 것을 포함한다.

이러한 인지적 유연성이야말로 융합교육의 핵심이라 할 수 있으며 융합교육과정을 통해 학생의 인지적 유연성을 어떻게 배양 발전시킬 수 있느냐가 교육의 초점이 되어야 할 것이다. 현재 우리나라 교육은 변화를 꾀하려고 노력하고 있지만 워낙 오랜 시간 주입식 지식 전달

교육 위주로 이루어졌기 때문에 미래 사회가 요구하는 인지적 유연성을 학교 현장에서 기르기는 쉽지 않은 실정이다.

더욱 중요해진 사회 정서적 능력

하버드의 노동경제학자인 데이비드 데밍(David J. Deming)에 따르면 AI로 인해 인간의 일자리가 자동화되는 위험 속에 살아남기 위해 필요한 능력 중에 인지적 유연성 못지않게 중요한 능력이 바로 '사회 정서적 능력(Social Emotional Skill)'이다.

비록 미국의 통계에 기반한 그래프이긴 하지만 그래프에서 보여주는 일자리 추이는 미래를 가늠하게 하는 중요한 실마리를 제공한다.

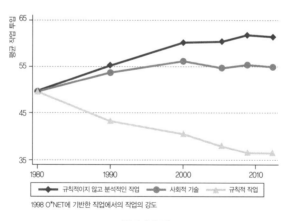

〈일자리 추이〉

출처: Deming, D. J. (2017). The growing importance of social skills in the labor market. The Quarterly Journal of Economics, 132(4), 1593-1640. p.1626

로봇의 등장으로 1980년대부터 2010년대 중반까지 많은 일자리가 대체되었는데, 많은 사람들이 예상했던 것처럼 기계적이고 반복적인 노동(정신적이든 육체적이든 간에)을 요구하는 일자리는 빠른 속도로 줄어들었다. 그런데 그중 가장 많이 늘어난 일자리는 분석적이고 복잡한 인지 능력을 요구하는 비반복적인 일자리가 아닌 바로 사회적 기술을 요구하는 일자리였다.

데밍 교수는 2000년에서 2012년까지 수학, 과학, 공학, 기술(STEM) 관련 일자리는 오히려 0.12% 준 반면에, 다른 분야에서 인지적 활동을 요하는 일자리는 2.87% 늘었다고 분석한다. 무엇보다 2000년에서 2012년까지 가장 빠른 일자리 증가를 보인 직업군 Top 5를 살펴보면 교사, 관리자, 간호사, 건강 관리사(치료사) 등 사람들을 상대하고 관리하는 직업이었다. 이런 조사 결과를 토대로 데밍 교수는 자동화 영역에서 로봇과 기술의 발전이 대체할 수 없는 분야는 사람들을 상대하는 사회적 기술이 필요한 분야라고 주장한다.

MIT의 경제학자인 데이비드 오토(David A. Autor) 교수도 비슷한 주장을 펼친다. 오토 교수는 미국과 유럽 국가들을 대상으로 한 국제비교 연구에서 1990년대부터 일자리의 양극화가 일어났는데, 인지적 능력을 요구하는 기술직, 전문직, 관리직 일자리 못지않게 기계의 자동화에 살아남은 일자리는 바로 사람들을 상대하면서 상황에 맞게 자유자재로 대응할 수 있는 사회적 적응력을 요하는 육체 노동직이었다고 보고했다.

그는 이러한 일자리 양극화가 지속될 것이라고 보지는 않지만 한

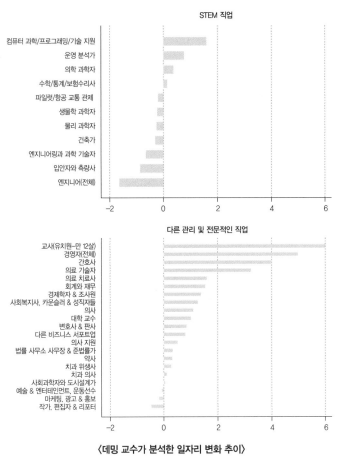

STEM 직업

| 컴퓨터 과학/프로그래밍/기술 지원 |
| 운영 분석가 |
| 의학 과학자 |
| 수학/통계/보험수리사 |
| 파일럿/항공 교통 관제 |
| 생물학 과학자 |
| 물리 과학자 |
| 건축가 |
| 엔지니어링과 과학 기술자 |
| 입안자와 측량사 |
| 엔지니어(전체) |

다른 관리 및 전문적인 직업

| 교사(유치원–만 12살) |
| 경영자(전체) |
| 간호사 |
| 의료 기술자 |
| 의료 치료사 |
| 회계와 재무 |
| 경제학자 & 조사원 |
| 사회복지사, 카운슬러 & 성직자들 |
| 의사 |
| 대학 교수 |
| 변호사 & 판사 |
| 다른 비즈니스 서포트업 |
| 의사 지원 |
| 법률 사무소 사무장 & 준법률가 |
| 약사 |
| 치과 위생사 |
| 치과 의사 |
| 사회과학자와 도시설계가 |
| 예술 & 엔터테인먼트, 운동선수 |
| 마케팅, 광고 & 홍보 |
| 작가, 편집자 & 리포터 |

〈데밍 교수가 분석한 일자리 변화 추이〉

출처: Deming, D. J. (2017). The growing importance of social skills in the labor market. The Quarterly Journal of Economics, 132(4), 1593–1640. p.1596

가지 확실한 것은 고소득 일자리든 저소득 일자리든 컴퓨터와 기계가 대체할 수 없는 능력은 바로 '유연성(Flexibility), 분별력(Judgment), 상식(Common sense)'이다. 그러면서 '인간은 말로 표현할 수 있는 것보다 훨씬 더 많은 것을 알고 있다(We know much more than we can tell).'라는 명제를 담은 '폴라니의 패러독스(Polanyi's paradox)'를 언급하며, 머신 러닝과 같은 기술의 발달이 아무리 인간을 위협한다 하더라도 결국 컴퓨터는 인간이 말이나 글로 표현할 수 있는 선에서만 그 명령에 따라 행동하기 때문에 인간이 설명하지 못하지만 할 수 있는 많은 '암묵적인(tacit)' 능력까지는 대체할 수 없다고 말한다.

실제 공학자와 기술자의 성지인 실리콘밸리 내부에서조차 '인간을 다루고 이해하는' 학문인 인문학과 인문학적 소양의 필요성을 강조하고 있다. 다음은 실리콘밸리에서 자라 성공적인 벤처 캐피털리스트이자 세계적인 스타트업 자문가가 된 스콧 하틀리가 그의 책 『인문학 이펙트』에서 이야기한 내용이다:

"훌륭한 기술 뒤에 뭐가 있는지 베일을 들춰보면 이 기술을 위대하게 만든 것은 인간성임을 알 수 있다. (…) 우리가 직면한 여러 막중한 문제에 대한 해결책을 찾으려면 '코딩'뿐만 아니라 '인간적 맥락'에 대한 이해가 필요하다. 데이터와 윤리 둘 다 필요하고, 딥러닝 인공지능뿐만 아니라 인간에 대한 깊은 사고가 필요하며, 기계뿐 아니라 사람이 필요하다. 은연중에 알고리즘에 녹아든 편견에 대해 따져야 하고, '어떻게 만들 것인가' 뿐만 아니라 '왜 만드는가', '무엇을 개선하고 싶은가'를 깊이 있게 질문해 봐야 한다."[4]

4 　스콧 하틀리 (2017). 『인문학 이펙트』, 마일스톤, 8쪽.

스콧 하틀리는 과학, 기술, 공학, 수학과 같은 STEM 과목을 전공한 학생들도 인문학적으로 사고하고 교류할 수 있는 능력을 가르쳐야 한다고 강조한다. 왜냐하면 사람을 다루고 이해하는 소프트 기술(Soft Skills)이야말로 기업의 경영자들이 사람을 채용하는 데 있어서 가장 중요하게 보는 능력 중 하나이며 산적한 사회적 문제를 푸는 데 실마리를 제공하는 가장 큰 능력이자 기술이기 때문이다.

비슷한 맥락에서 하버드 대학의 총장이었던 드루 파우스트(Drew Gilpin Faust) 교수도 "여러분만의 『일리아드(Illiad)』를 베개 밑에 두고 자세요."라고 말하면서, "인문학이 대표하는 인간의 경험과 인간을 위한 통찰의 전통"을 자신이 짊어져야 하는 개인의 삶과 사회적 책임 가운데 이끌어내라고 촉구한다. [5] 이는 인문학을 공부하는 학생이나 학자만이 아니라 모든 이들에게 하는 말이다.

사회 변화를 반영하는 교과란?

세계적인 교육 공학자인 영국의 웨인 홈즈(Wayne Holmes) 교수는 저서 『인공지능 시대의 미래 교육』에서 현대 우리나라를 비롯해 선진국에서 배우고 있는 교육과정은 대부분 "대학 교육을 위한 7개의 교양과목을 문법, 논리학, 수사학, 천문학, 기하학, 산술, 음악으로 정

---

5   Drew Fraust, "To be 'a speaker of words and a doer of deeds': Literature and Leadership" 강연, US Military Academy, West Point.

의한 중세 그리스 고전 교육 이론인 트리비움(Trivium)과 쿼드리비움(Quadrivium)"에서 비롯된 것으로 라틴어, 윤리학, 기타 특정 언어가 바뀐 것을 빼고는 그 형식이 많이 바뀌지 않았다고 지적한다.[6]

국어	수학(산술학, 기하학, 대수학)
과학(생물학, 화학, 물리학)	외국어
사회(역사, 지리, 정치, 경제 등)	예술(음악과 미술)
보건(특히 체육)	

전통적인 교육 모델과 오늘날 교육 시스템에서 학생들이 배우는 과목은 놀라울 정도로 동일하다. 열거된 7가지 과목 중에서도 가장 중시되는 과목은 언어와 수학으로 우리나라에서도 교육과정 시수 및 평가 비율로 보았을 때 이 두 과목의 중요성은 타 과목에 비해 월등히 높다.

하지만 몇 천 년의 시간이 지났음에도 불구하고 배우는 과목이나 내용이 사회의 변화를 반영하지 못하는 문제는 생각보다 심각하며 웨인 홈즈 교수는 다음과 같이 주장한다:[7]

"13세기 상인들에게는 유용했던 내용이 21세기 학생들에게는 관련

6   W. Holmes, M. Bialik, C. Fadel (정제영, 이선복 역) (2020). 『인공지능 시대의 미래교육』, 박영스토리, 221쪽.
7   위의 책 224쪽.

이 없다는 사실이 명백해졌다. 인간의 노력의 진보는 기하급수적으로 증가했고, 비록 삼각법(Trigonometry)과 미적분학(Calculus)이 교육과정에 추가되었지만 로봇학(Robotics)와 기업가정신(Entrepreneurship)과 같은 더 현대적인 과목은 현재의 과밀한 상황에 맞지 않는다. 게다가 표준화된 평가는 특히 언어와 수학에 압력을 가하고 있어, 학교 과목의 범위를 더욱 좁히고 있다."

지식 전달 및 암기 위주의 기계적이고 반복적인 학습 및 과제 수행은 이제 인간이 아닌 인공지능을 활용한 로봇이 훨씬 더 잘 해낼 것이다. 따라서 전통적인 방식을 고집해서는 학교에서 학생들을 기술과 사회의 변화에 적응할 수 있도록 교육하고 길러낼 수 없는 상황이 되어 버렸다. 그 어느 때보다 학교와 교육과정의 혁신이 아닌 '혁명'적인 변화가 필요한 시점이다.

융합교육의 대두는 시대의 조류를 반영한다고 볼 수 있다. 이 시대가 기술의 진보로 엄청난 발전을 이루고 있는 만큼 복잡다단한 문제들이 넘치기 때문이다. 이 문제를 해결하기 위해선 전통적인 방식의 교육 내용과 방법으로는 불충분하다.

또한 인터넷을 기반으로 한 정보 및 지식의 유통, 생산과 기술의 발전 속도는 전통적인 과목 및 학습 방법을 도태시키고 있다. 전문화된 과목에 따라 분화된 지식을 습득하는 공부로는 더 이상 살아남을 수 없는 사회구조가 되어 버렸다.

미국국립과학아카데미(National Academy of Sciences)는 융합적 접근이

중요해지는 네 가지 추진 요인(driver)을 다음과 같이 설명한다:[8]

1. 자연과 사회가 가지고 있는 내재적인 복잡성
2. 한 분야에 제한되지 않은 문제와 질문을 탐구하고자 하는 열정
3. 사회적인 문제를 풀어야 하는 필요
4. 새로운 기술의 능력

이를 반영하듯 1960년 이후 학제간 연구 및 융합연구에 대한 관심이 급격히 높아지면서 현재까지 그 상승세는 지속되고 있다. 융합연구에 대한 양적 지표뿐만 아니라 질적으로도 그 중요성은 확대되어가고 있는 중인데, 세계적인 학술지인 『네이처』지에 따르면 가장 융합연구가 활발한 분야는 인간의 생명과 관련되어 있는 '의학, 생물학, 유전학' 등이다.[9]

특별히 이 분야는 이과 내에서의 학문 간 통합 및 교류뿐만 아니라 문·이과의 교류가 활발하다. '건강과 생명'에 관련된 이슈는 미래 사회에 그 중요성과 영향력이 더 커질 수밖에 없기 때문이기도 하지만, 인간에게 미치는 영향력을 고려해야 하기 때문이다.

이렇게 사회적, 문화적 요인과 영향력을 연구해서 과학과 기술의

---

8   Institute of Medicine (2005). Facilitating Interdisciplinary Research. Washington, DC: The National Academies Press. https://doi.org/10.17226/11153 p.2

9   Van Noorden, R. (2015). Interdisciplinary research by the numbers. Nature, 525(7569), 306-307. p.307

발전 방향 및 윤리적인 이슈를 해결하는 것이야말로 인문학과 사회과학이 융합연구에 기여할 수 있는 가장 중요한 부분이다. 이러한 이유로 '생명공학'처럼 융합연구가 활발한 연구 분야일수록 재정적 지원과 투자 및 사업화 기회가 많아지며, 또한 이것이 선순환이 되어 연구의 외연과 깊이가 확장되고 있는 것이 세계적인 추세다.

융합의 세 가지 개념

그럼 과연 융합은 도대체 무엇을 의미하는 것일까? 융합의 개념은 여러 다른 모양과 모습을 포괄하지만 이 책에서는 대표적으로 '다학문(Multidisciplinary)', '학제간(Interdisciplinary)', '초학문(Transdisciplinary)' 접근으로 분류하겠다. 27쪽의 그림은 세 개의 접근을 그림으로 도식화하여 나타낸 것이다.

첫 번째, 다학문 접근(Multidisciplinary approach)은 말 그대로 다양한 학문의 이론, 인식적 틀, 방법론 등을 모아서 활용하는 것을 의미한다. 예컨대 로켓을 만들기 위한 첫 번째 단계는 프로젝트 리더의 안내 및 지도 아래 물리학자, 공학자, 수학자, 화학자들이 모여서 의논을 시작하는 것이다. 초기 의논 단계에서는 각각 다른 분야에서 온 전문가들이 '로켓 제작'이라는 문제에 대해 전문 분야의 이론 및 방법, 기술에 대해 열거하면서 다른 사람들에게 설명을 할 것이다.

이 시점에서는 진정한 융합이 이루어졌다고 말하기 어렵다. 왜냐

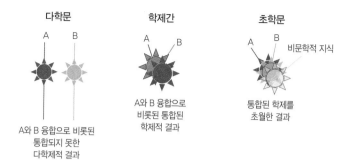

다학문

A   B

A와 B 융합으로 비롯된
통합되지 못한
다학제적 결과

학제간

A   B

A와 B 융합으로
비롯된 통합된
학제적 결과

초학문

A   B   비문학적 지식

통합된 학제를
초월한 결과

〈융합 개념의 분류〉

출처: Renate G. Klaassen (2018) Interdisciplinary education: a case study, European Journal of Engineering Education, 43:6, 842–859, p.844

하면 서로 자기 분야의 관점과 지식 및 기술에 대해서 이야기를 할 뿐 이를 어떻게 '합쳐서' 문제 해결을 위한 솔루션을 내놓을 것인가에 대한 '합의점(consensus)'에는 도달하지 못했기 때문이다. 하지만 다른 분야의 전문가가 공통의 문제 해결을 위해 모였다는 점이 중요하다. 그리고 이 점이 바로 다학문적 접근이 융합교육과 맞닿은 지점이기도 하다.

두 번째, 학제간 접근(Interdisciplinary approach)은 다양한 학문 분야의 이론, 기술, 데이터를 포괄한다는 점에서 다학문적 접근에서 한 단계가 나아간다. 학제간 접근은 다학문적 접근보다 통합적인 면을 더 강조하는데, 단순히 여러 가지 학문을 포함한다는 의미를 넘어서 학습자로 하여금 다학문 분야의 지식 및 사고방식을 통합하고 종합하는 것을 요구한다.

로켓 제작의 예로 다시 돌아가 보자. 다양한 분야의 전문가들이 모인 것이 다학문적 접근이라면 학제간 접근은 이 전문가들이 로켓을 제작하기 위해서 자신들의 이론, 지식 및 기술을 통합하여 새로운 지식 구조를 만들고 이를 바탕으로 하여 기술적인 면에서 혁신을 이루어 내는 것을 말한다.

수학자들이 로켓 발사를 위한 알고리즘을 만들고 이에 대한 배경을 설명하여 전달하면 공학자들이 로켓 내부에서 이것이 작동할 수 있는 새로운 기계적 메커니즘을 만들어 내는 것, 이것이 바로 학제간 접근의 과정이다.

학제간 교육 개념에 대한 지평을 연 미국 웨인 스테이트 대학(Wayne State University)의 줄리 클라인(Julie Klein) 교수는 학제간 연구에 대해 다음과 같이 정의했다:[10]

"학제간 연구는 주제(subject matter)도 내용(body of content)도 아니다. 해석적 종합(interpretive synthesis)을 성취하기 위한 과정이며, 그 과정은 보통 문제, 질문, 주제 그리고 이슈로 시작한다."

클라인 교수에 따르면 학제간 접근에서 중요한 것은 '무엇을 다룰까?'가 아닌, 그 주제나 내용을 '어떻게 해석할 것인가?'이다. 각 학문(discipline)이나 분야(field)가 가지고 있는 특정한 관점, 이론 그리고 방법에 따라서 해석은 완전히 달라진다. 전문가들이 자신의 분야에서

---

10 Klein, J. T. (1990). Interdisciplinarity: History, theory, and practice. Detroit, MI: Wayne State University Press. P.188

문제에 대한 해석을 설명하고 다른 전문가를 설득하고 이해시키는 과정 중에 종합하고 통합하는 사고가 이루어진다.

세 번째, 초학문적 접근(Transdisciplinary approach)은 학제간 접근처럼 '종합하고 통합'하는 사고를 강조한다는 면에서는 비슷하지만, 기존 학문 체제 및 체계를 뛰어넘어 전체론적인(holistic) 관점을 취한다는 점에서 다르다. 초학문 접근은 전통적인 학문 분야를 포괄하는 이론 뿐만 아니라,[11] 주어진 문제를 해결하기 위해 그 학문에 종사하는 연구자 외에 현장의 전문가, 일반인까지 다양한 이해 당사자를 포괄한다는 특징을 가지고 있다.

초학문적 접근은 문제를 해결하기 위해 문제를 실용적이고 현실적인 관점에서 다르게 관찰하고 해석할 수 있도록 전문 분야 외에 다른 관점이나 경험 시각을 가진 사람들의 참여를 적극적으로 요구한다. 즉 로켓을 만들기 위해서 학자 집단만이 아니라 다른 전문가 집단이나 비전문가 집단까지 함께하는 것이 초학문적 접근이다.

예컨대 로켓 제작 투입 비용을 산출하고 재원을 마련할 수 있는 사람들을 프로젝트에 포함시킬 수 있다. 민간 주도의 로켓 제작으로 일반인들에게도(물론 비싼 돈을 내야 하지만) 로켓 여행을 오픈한 '스페이스X' 프로젝트가 초학문적 접근의 대표적 사례라 볼 수 있다.

이런 의미에서 초학문 접근은 문제를 해결하는 데 있어서 사회적 지식과 경험을 중요시 여기며 과학, 기술 영역에서의 사회적 참여 및

---

11 Lattuca, L. R. (2001). Creating interdisciplinarity: Interdisciplinary research and teaching among college and university faculty. Nashville, TN: Vanderbilt University Press.

영향에 대해서도 깊은 관심을 기울인다는 점에서 실용적인 색채를 띤다고 볼 수 있다.

제3의 공간

교육에서 융합의 개념을 살펴보면서 중요한 점은 학습의 기회는 학문 간, 문화 간, 사회 구성원 간 사이에 생긴다는 것이다. 즉 다른 관점과 경험 및 전문성을 가진 사람들이 상호작용을 통해 만들어지는 "제3의 공간(Third space)"이 학습을 촉진시키며 발전시킨다.[12] 경계선 사이에 생기는 미묘한 공간에서 학생들의 비판적 사고력은 촉진되고 새로운 지식은 개발 및 발전되며, 생소한 문제를 해결하기 위한 창의적인 아이디어가 반짝거리게 된다.

　이러한 관점에서 보았을 때 융합교육은 앞에 놓인 문제를 해결하기 위해 서로 다른 학문적 배경과 관점을 가진 사람들이 모여서 자신들이 가진 방법, 지식, 기술, 이론을 넘나드는 대화를 하고 이를 통해 해결책을 강구하는 과정을 포괄한다. 이러한 융합적 과정에서 생성되는 제3의 공간에 대해 미국 앰허스트 칼리지(Amherst College)에서 과학사를 가르치는 존 서보스(John Servos) 교수는 다음과 같이 말한다:[13]

12　Renate G. Klaassen (2018). Interdisciplinary education: a case study, European Journal of Engineering Education, 43:6, 842-859, p.843

13　Rhoten, D., Boix Mansilla, V., Chun, M., & Klein, J. T. (2006). Interdisciplinary education at liberal arts institutions. Teagle Foundation White Paper. Retrieved June, 13, 2007.

"전통적인 학문 영역에서의 경계선에는 기대 이상의 가능성이 존재한다. 따라서 자유롭게 교육-교양교육을 받은 사람은 전통적인 학문 영역 간의 첨예한 대립으로 인한 부조화가 주는 (융합의 가능성과) 기회에 주의를 기울여야 한다. 또한 그러한 경계선을 따라 자신감 있게 질문을 던질 수 있으며, 한 분야의 발전이 다른 분야의 발전에 주는 영향에 대해서도 민감하게 반응해야 한다."

경계선상(boundary)의 사고에 익숙한 사람들은 자신이 기존에 가진 전문성과 새로운 분야의 지식 및 기술을 접합시키면서 사고 영역을 넓혀 나간다. 러시아의 대문호인 톨스토이는 이러한 경계선상의 사고에 익숙한 사람으로, 영국의 유명한 철학자이자 정치학자인 이사야 벌린(Isaiah Berlin)은 톨스토이의 삶을 분석하여 융합적 사고력의 특징을 저서 『고슴도치와 여우(The Hedgehog and the Fox)』에서 재미있게 설명한다.

"여우는 많은 것을 알고 있지만 고슴도치는 하나의 큰 것을 알고 있다."라는 그리스의 시인 아스킬로코스의 말은 여우형과 고슴도치형 사람들의 특징을 대변한다. 여우형의 인간은 다양한 목표를 추구하며 그에 따라 적극적이고 행동지향적인 삶을 살아가면서 생각의 방향을 넓혀가는 유형인 반면, 고슴도치형 인간은 하나의 핵심을 간파, 이해하여 모든 것을 이 핵심에 근거한 시스템으로 이해하고자 하는 유형이다.

여우형 인간은 융합교육의 인재형인 제너럴리스트(Generalist)를 상징한다고 볼 수 있다. 박학다식하고 다재다능한 사람을 의미하는 제너럴리스트는 특정 분야의 고립된 사고방식과 지식의 틀을 거부한다. 대신 불확실성에도 불구하고 다양한 분야의 전문성을 연결시켜 통합시키는 용기와 창의성을 가진 사람이다.

인문학 분야에서만 아니라 기업에서도 융합적 사고에 대한 관심이 어느 때보다 거세다. 세계 최고의 혁신 기업으로 꼽히는 IDEO 디자인 컨설팅 회사의 이야기를 다룬 『혁신의 10가지 얼굴(The Ten Faces of Innovation)』이라는 책에서도 기업적 맥락에서 융합적 인재상을 제시한다.

혁신하는 조직의 팀원들을 10가지 얼굴로 분류한 이 책에서 '크로스 폴리네이터(Cross-Pollinator)'라고 불리는 사람은 언뜻 보기에는 아무런 관련도 없는 듯한 사람들과 아이디어를 연결하여 새로운 시도를 만들어 내는 사람을 뜻한다. 이러한 사람은 새로운 것에 대한 흥미와 배우려는 열정이 넘쳐 조직 바깥 세계에서 얻은 아이디어를 조직 내에 소개하여 조직에 생기를 불어넣는다. 또한 전문 영역의 경계를 넘나들고 소통하면서 시너지를 만들어내는 것에 두려움이 없다.

여우형 인간, 제너럴리스트, 크로스 폴리네이터 모두 다른 이름을 가졌지만 경계선상의 사고를 한다는 점에서는 동일하다. 모호함과 불확실성이 공존하는 제3의 공간을 두려워하지 않고 과감히 끌어안는다.

이제는 인문학과 과학 혹은 이과와 문과 사이의 단절에 대해 한탄하면서 「두 문화(Two Cultures)」라는 에세이를 쓴 영국의 물리학자이자 소설가 찰스 퍼시 스노(Charles Percy Snow)의 말을 귀담아 들을 때다:

"지금처럼 두 개의 우주에 속한 두 가지 주제, 두 가지 학문, 두 가지 문화가 충돌하는 지점에서 창의적 기회가 생겨난다."

융합형 인재를 키우기 위한 세계의 노력

핀란드의 현상기반학습

세계 각국은 융합형 인재, 통섭형 인재, 하이브리드형 인재로 자랄 수 있도록 창의력을 키우는 교육을 강조하고 있다. 이에 앞장선 나라는 교육 강국인 핀란드다. 핀란드는 핵심 과목은 그대로 유지하면서 역사, 화학, 수학, 생물 등 다른 과목들을 융합하여 설계한 '현상기반학습(PhenoBL, Phenomena-Based Learning)'을 7세에서 16세 학생을 대상으로 실시하고 있다.[14]

현상기반학습은 학생들이 실생활에서 부딪치는 다양한 현상과 문제들을 다양한 과목의 지식과 방법론을 동원하여 풀어 나가는 교육과

---

14 현재 핀란드에서 모든 수업을 현상기반학습으로 바꾼 것은 아니며, 정규 교과목 외에 실험적
  으로 이 수업을 도입해서 시행해 보고 있다.

정을 핵심으로 삼고 있다. 따라서 종래의 학습 모델처럼 과목별 지식을 취득하는 데 교육의 목적을 두는 것이 아니라 문제를 해결하기 위해 과목별 지식을 활용하는 데 목적을 두었다고 할 수 있다. 현상기반학습에는 다섯 가지 요소가 있는데 다음과 같다.[15]

1. 전체적인 관점(Holistic approach)
2. 진정성(Authenticity)
3. 문제 해결 연구(Problem-solving inquiry)
4. 맥락성(Contextuality)
5. 제약을 두지 않는 학습 과정(Open-ended learning process)

핀란드의 현상기반학습은 한 과목의 관점이나 방법론에 매몰되지 않고 문제 해결을 위해 다양한 관점과 이론 방법을 도입할 것을 격려하며, 학생들로 하여금 실생활에서 일어나는 문제가 가지고 있는 복잡한 성질을 전체적으로 이해하도록 이끈다.

진정성(Authenticity)의 요소는 학생들로 하여금 지식을 이론적이고 가설적인 상황이 아닌 실생활에서 접하게 되는 구체적인 상황에 적용할 것을 요구하는 개념이다. 이를 통해 학생들은 학교에서 배운 지식을 자신들이 살고 있는 세상의 구체적인 공간과 시간으로 맥락화하여

---

15 Symeonidis, V., & Schwarz, J. F. (2016). Phenomenon-based teaching and learning through the pedagogical lenses of phenomenology: The recent curriculum reform in Finland. Forum Oswiatowe, 28(2), 31-47.

이해하고 적용할 수 있는 능력을 기르게 된다. 이처럼 제약을 두지 않는 학습 과정을 통해 학생들은 문제를 해결하는 방법에는 다양한 길이 있다는 사실을 알게 되고, 더 좋은 해결 방법은 상호 협력과 소통이 핵심이라는 사실을 깨닫게 된다.

예를 들어 교사가 현상기반학습 수업 시간에 '유조선이 좌초해 바다에 기름이 유출된 상황인데 그 해결책을 찾아라'라는 과제를 제시한다. 학생들은 이 과제를 가지고 한 학기 동안 역사나 문학, 정부 정책 속에서 유사 사례를 찾아보고, 기름 제거 방법을 찾기 위해 화학을 공부하면서 약품을 실험하고 만들어 본다. 또한 가장 효과적인 대처법이 무엇인지 빅데이터로 분석하면서 수학을 공부한다. 이렇게 다양한 과목을 실생활과 연결된 문제로 인식하면서 문제 해결 방식을 배우게 된다.

이와 같은 현상기반학습은 통계적 분석법과 수학적 추론 능력과 같은 수학 지식뿐 아니라 공학, 화학 등 과학 분야와 관련된 지식과 역사와 문학, 정부 정책 등 인문학과 사회과학까지 폭넓게 학습할 수 있는 방법이 된다. 이러한 학습법을 통해 학생들은 다양한 분야에 대한 이해와 함께 공부의 필요성을 체득하여 스스로 공부할 수 있는 동력을 갖게 된다.

핀란드 교육부는 현상기반학습 외에도 학생들이 학교 수업에서 배양할 수 있는 '포괄적 역량'으로 다음의 7가지를 제시한다.[16]

16　Finnish National Board of Education, (2016). 「National core curriculum for basic education 2014」

1. 사고 및 학습

2. 문화 역량, 상호작용, 표현

3. 자기 관리

4. 다중 리터러시(다양한 문화를 이해하고 참여하는 능력)

5. ICT(Information and Communication Technology) 역량

6. 직무 능력

7. 참여 및 지속 가능한 미래 건설

특히 수학 교육을 통해서는 아이들로 하여금 "관찰을 하는 방법, 정보와 아이디어 찾기, 평가하기, 수정하기, 생산하기, 공유하기" 등을 포괄하는 사고 및 학습 역량과 "다양한 도구를 사용하여 다양한 상황과 맥락에서 다양한 방식으로 정보를 획득, 결합, 수정, 생산, 제시, 평가할 수 있는" 다중 리터러시 역량을 가장 중요한 교육적 목표로 강조하고 있다.[17]

영국의 LIS(London Interdisciplinary School)

문제 해결 및 프로젝트 수업에 방점을 둔 융합교육은 핀란드뿐 아니라 유럽 각국에서 광범위하게 활용되고 있다. 특히 영국에서는 모

17　나귀수, 박미미, 김동원, 김연, 이수진 (2018). 미래 시대의 수학교육 방향에 대한 연구. 수학교육학연구, 28(4), 437-478. 452쪽.

든 커리큘럼을 융합적으로 만든 새로운 패러다임의 고등교육기관인 LIS(London Interdisciplinary School)가 최근에 세워졌다.

LIS는 종전의 대학교가 가진 전통적인 과목을 모두 없애고 세계적으로 시급하게 해결되어야 하고 실생활에 밀접하게 연결된 '복잡한 문제'를 해결하는 것에 목표를 두고 교육과정을 재설계하였다. LIS의 웹페이지는 이러한 문제를 다음과 같이 정의한다:

> "인류가 직면하고 있는 문제는 예전보다 훨씬 더 복잡하며, 상호 연결 되어 있고, 다급합니다. 현대의 작업은 이러한 이슈와 씨름할 수 있으며 세상에 현실적인 영향력을 줄 수 있는 사람들을 필요로 합니다. 현재의 대학 시스템은 충분히 빠르게 진화할 수 없기 때문에 우리는 새로운 솔루션을 필요로 합니다."

다음은 LIS 신입생들이 1년 동안 배울 교육과정을 간단하게 정리해 놓은 것이다. 표에서 보는 바처럼 학생들은 도시, 플라스틱 폐기물, 언론의 자유와 같은 다양한 주제를 탐구하게 되며 이와 연관되어 해결되어야 하는 문제를 구체적으로 설정하고 코딩, 머신 러닝, 빅데이터, 통계 등 다양한 기술을 연마하여 협업의 과정을 통해 해결책을 강구해 나가게 된다.

이러한 문제를 해결하기 위해 학생들은 다양한 분야의 전문가들과 함께 일하고 학습하게 되는데, 이러한 전문가 집단에는 철학자, 전염병 학자, 기자, 수학자, 교육자, 기업가 등이 포함된다.

	과정	1학기	2학기	3학기	
		Weeks 1–10	Weeks 1–10	Weeks 1–5	Weeks 6–10
실제 문제상황		문제 1: 흉기 범죄	문제 2: 플라스틱 쓰레기	문제 3: 인공지능/ 언론의 자유	문제 4: 도시
분야 (40%)	학생들은 예술, 과학, 인문학 전반에 걸쳐 다양한 분야를 공부한다.(2-3 주간의 주기): 문제 정의 경험 및 학습 프로젝트 검토 지식 종합	4개 분야 2개 의무 2개 선택 예시: 법학, 심리학, 통계학, 인류학	4개 분야 2개 의무 2개 선택 예시: 생태학, 화학, 경제학, 환경과학	4개 분야 2개 의무 2개 선택 예시: 언론학, 컴퓨터 과학, 마케팅, 역사	4개 분야 2개 의무 2개 선택 예시: 도시계획, 사회과학, 공학, 문학
연구 방법 (60%)	정량적	파이썬 코딩	통계, 데이터 분석	기계학습	
	정성적	비디오 촬영	문화 기술적 연구	설문 연구	
	기대 효과	협동력 인터넷 시대의 지식 분별 능력	심성 모형 성장 지향적 사고방식 설득력	스토리텔링 코칭 발표 능력	

〈LIS 과정 학생의 1학년 일정표 예시〉

출처: JennyAnderson, A new UK university wants to teach students skills employers actually want, Quartz, February 1, 2020

LIS는 이러한 교육가들을 'Polymath(박식한 사람)'으로 정의하는데, Polymath는 앞에서 언급한 제너럴리스트, 크로스폴리네이터와 연결된다고 볼 수 있다. 학생들에게 융합교육을 가르치고 함께 프로젝트를 진행할 교수진이 다양한 분야에서 경험과 지식을 쌓고 이질적인

〈LIS 토론 수업〉

출처: https://www.londoninterdisciplinaryschool.org/about/

분야의 전문가들과 소통 및 협업할 수 있는 융합적 사고를 가진 사람들이라는 게 흥미롭다.

이러한 융합교육과정을 통해 학생들은 단순히 문제 해결 능력만 키우는 것이 아니라 타 분야 전문가들과 사고 모델(mental model)을 공유하고 소통하는 메타인지적(metacognition) 스킬도 키우게 된다. 이러한 활동의 궁극적 목표는 '집단 지성(Collective intelligence)의 확립'이다.

집단 지성이 4차 산업혁명 시대에 중요해진 이유는 이 시대가 요구하는 문제들은 너무나 새롭고 복잡해서 개인 혼자의 능력만으로는 해결할 수 없기 때문이다. 다양한 분야의 전문 지식을 가진 인재들이 모여 각자의 능력에 맞게 업무를 정하고 협력과 경쟁 과정을 거쳐 문제를 해결하는 집단 지성이야말로 인공지능이 대체할 수 없는 순수하고 창의적인 해결책을 찾게 한다. 그리고 이러한 협업의 과정에서 학생들은 사회적(social), 관계적(interpersonal), 감성(emotional) 능력도 얻게 된다.

이스라엘의 '화학의 맛' 수업

이스라엘에서도 융합교육에 메타인지 요소를 가미한 화학 수업을 진행하고 있는데, 이를 '화학의 맛(Taste of Chemistry)'이라고 명명한 것이 눈길을 끈다. 특히 주제 중심의 학습에 초점을 맞추고 있는데, 중심이 되는 주제를 정하고 그 주제를 공부하기 위해 다양한 학문 분야의 기술, 개념, 과정을 활용하여 이해력을 높이는 훈련을 하게 된다.

핀란드의 경우와 마찬가지로 이스라엘도 맥락성(contextuality)을 높이기 위해 학생들이 실생활에서 접할 수 있는 상황이나 문제를 연결시키며 학습을 한다. 예컨대 지질(Lipids)을 배우는 수업에서 학생들은 지방산 및 콜레스테롤과 함께 동맥 경화를 일으키는 혈중 지방 성분인 트리글리세라이드의 구조에 대해서만 배우는 것에 그치지 않고 이를 식습관에 적용시키는 시간을 갖는다. 오메가 3와 6, 불포화지방산, 트랜스지방산이 우리의 식사에서 하는 역할을 배우면서 버터나 마가린 중에 무엇이 우리 몸에 더 이로운가를 탐구하여 지식을 실생활에 연결시키는 연습을 하게 되는 것이다.

학생들이 전통적인 화학 과목의 주제인 탄소 화합물, 분자 구조 및 결합에 대한 지식을 융합적 접근을 통해 배우는 화학 수업을 더 재미있어하는 것은 자명한 일이다. 다음은 위에서 언급한 지질 수업의 목표, 사고 기술, 활동을 정리해 놓은 표이다.

표1	지질 주제에 대한 목표, 사고 기술과 활동들	
	화학적 측면	영양상, 건강, 사회적 측면
목표	지방산의 분자 구조 (상징 차원) 와 물질 특성 사이(미시 차원)의 관계를 이해하기	우리 식습관에 대한 지방산과 지질의 중요성을 이해하고 보통 음식 속 지방의 존재에 대한 우리의 인식을 증가시키기
사고 기술	지방산과 트리글리세라이드에 대한 정보와 함께 그래프와 표를 분석하기	초콜릿과 방부제에 대한 사례 연구
	지방산의 다양한 분자 구조 표현 사이에서 전환하기	
	화학적 이해의 차원들 간에서 전환하기	
활동	플라스틱과 컴퓨터화 된 분자 모델을 이용하여 지방산의 이중 결합에 대해서 조사하기	콜레스테롤에 대한 온라인 활동
	연구 기반의 실험을 통해서 올리브 오일안의 유리지방산에 대해서 조사하기	

〈'화학의 맛' 커리큘럼 예시〉

출처: Avargil, S., Herscovitz, O., & Dori, Y. J. (2012). Teaching thinking skills in context-based learning: Teachers' challenges and assessment knowledge. Journal of Science Education and Technology, 21(2), 207-225. 213쪽.

이러한 융합적 교육과정은 학생들의 주제에 대한 이해력과 실생활에 연결시킬 수 있는 적용력을 높일 뿐만 아니라 교사들의 역량도 향상시키는 결과를 가져온다. 아래의 모형에도 나와 있는 것처럼 교사들은 '화학의 맛' 수업을 준비하는 데 있어서 단순히 지식 전달자의 수준을 뛰어넘는다. 화학 과목에 대한 내용뿐 아니라 이를 실생활에 연결시켜 학생들에게 맥락을 이해하게 만들고 융합적인 사고력을 증진시키는 등 교수법에서도 변화를 가지게 된다. 이를 통해 교사는 학생들과 함께 문제를 찾고 탐구하는 퍼실리테이터(Facilitator)로 변모해 가며, 이러한 교사의 역할 변화 및 성장이야말로 융합교육이 추구하는 가장 큰 패러다임 변화라고 할 수 있다.

학생들은 과학적 추론의 기본인 주어진 문제 상황을 탐색하는 것으로부터 출발하여 "이런 문제가 어떻게 생겼지?", "이런 상황이 생기기까지 변화한 것은 무엇이지?" 등의 질문을 하면서 구체화된 가설을 세운다. 그리고 자신들의 가설을 뒷받침하기 위한 근거를 만들고 주

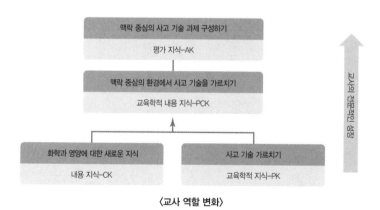

⟨교사 역할 변화⟩

출처: Avargil, S., Herscovitz, O., & Dori, Y. J. (2012). Teaching thinking skills in context-based learning: Teachers' challenges and assessment knowledge. Journal of Science Education and Technology, 21(2), 207-225. 222쪽.

장을 구체화하는 방법까지 배운다. 즉 융합교육적 접근을 삼는 '화학의 맛' 교육 수업은 그 사고의 깊이가 종전의 과학 교육과는 질적으로 다르다.

또한 '화학의 맛' 교육과정에서 특이한 점은 과학적 문제 해결에 있어 학생들이 자신들의 사고를 스스로 모니터(monitor) 하는 메타인지 능력을 교육의 목표 중 하나로 설정했다는 것이다. 메타인지 능력은 자신의 인지 활동에 대해 인식하고 조절하는 능력으로 자신의 사고 과정을 바라보는 또 하나의 눈이라고 할 수 있다. 즉 내가 무엇을 알고 무엇을 모르는지, 모르는 부분을 보완하기 위해 어떠한 계획을 세워야 하는지 그리고 그 계획을 실행하고 평가하여 다시 새로운 계획을 세우는 과정에 대한 지식이다.

메타인지 능력이 주목받는 이유는 메타인지가 뛰어난 사람은 일의 수행이나 배우는 과정에서 어떤 활동과 능력이 필요한지 알고 효과적인 전략을 선택하여 적절히 사용할 수 있기 때문이다. 특히 메타인지 능력은 4차 산업혁명 시대를 살아갈 아이들이 접하게 될 복합적이고, 친숙하지 않으며, 규칙적이지 않은(Complex, Unfamiliar, Non-routine) 문제들을 풀어내는 데 꼭 필요한 능력이다.

메타인지 능력을 통해 학생들은 "지금 주어진 문제가 지금까지 내가 접해 왔던 문제들과 어떻게 비슷하고 어떻게 다른가?", "어떠한 전략이 문제를 푸는 데 효과적이며, 효과적이라면 왜 그럴까?", "이 문제를 다른 방식으로 해결할 수 있을까?" 등의 질문을 스스로에게 던지며 문제를 더욱더 심도있게 이해하고 접근할 수 있게 된다.[18]

퍼실리테이터(Facilitator)란?

산업혁명에 기반한 대중 교육이 교사를 지식 전달자로 규정했다면 테크놀로지 기반 사회의 미래 교육은 교사들로 하여금 퍼실리테이터로서의 역할을 요구한다. 종래의 교육이 교사와 학생의 관계가 일방향적이고, 지식 전달 위주의, 도덕적인 색깔을 띤 보수적이며 권위주의적인 교육을 의미했다면, 자유주의적이며 민주주의적인 교육은 "학생들과 교사들이 창조적으로 유기적인 지식 세계를 탐험"하면서 일방적 소통이 아니라 상호작용(interaction)으로 이루어지는 대화적 교육과정을 추구한다.

이와 같은 환경 속에서 교육은 파울로 프레이리가 비판했던 '은행 저축식 교육(banking education)'이 아닌 교사와 학생이 관계 형성을 통해 학습을 해나가는 '대화 지향적 교육(dialogue education)'으로 바뀌어 간다. 프레이리 교수법(Freirean Pedagogy)에 따르면, 교사와 학생은 지식을 같이 창출하는 동료(co-creators of knowledge)로서의 위치를 갖게 되며, 교사는 학생이 선별적인 지식을 암기하는 것이 아닌 스스로 새로운 지식을 찾아보고 탐구하게 하는 협력자로서의 역할을 하게 된다. 또한 다양한 각도에서 문제를 생각해 보게 하는 여러 질문들을 던지면서 대화를 이끌어 나가는 가이드 역할도 하게 된다.

---

18 Mevarech, Z. and B. Kramarski, 『Critical Maths for Innovative Societies: The Role of Metaognitive Pedagogies』 (2014), OECD Publication: Paris, p. 45, http://dx.doi.org/10.1787/9789264223561-en

미국의 HTH(High Tech High)

미국에서는 각 주(州) 정부 및 지방 정부가 독립적으로 교육정책을 수립하고 추진하기 때문에 융합교육도 각 주마다 다각적으로 이루어진다. 하지만 포괄적인 방향은 연방 정부 차원에서 제시하는데, 4차 산업혁명에 맞춘 융합인재교육을 강조하고 컴퓨터와 소프트웨어 교육과의 연결 고리를 강화하고 있는 추세다.

이러한 추세에 발맞추어 프로젝트 수업을 중심으로 한 융합교육과정을 가진 다양한 학교들이 생겨나고 있다. 뉴욕에 있는 School of One, 샌디에이고에 있는 High Tech High, 미국 전역에 걸쳐 네트워크 개념으로 여러 개의 캠퍼스를 가지고 있는 New Tech Network 등이다. 그중 High Tech High(이후 HTH)는 융합교육과 함께 협업을 위해 가장 중요한 요소인 사회 정서적 기술을 강조한다.

핀란드의 현상기반학습에서도 강조되었던 진정성의 요소가 HTH 학교 커리큘럼에서도 현장연구(fieldwork), 지역봉사활동(community service), 인턴쉽(internship), 학교 밖 전문가와의 상담 및 자문과 같은 활동을 통해 실생활에 밀접한 형태로 구현된다. 또한 커리큘럼에 사회 참여적인 성격을 가미하여 학생들이 사회 경제적인 문제들을 찾아보고 이를 프로젝트로 연결시켜 비판적으로 고찰하며 토론해 보는 수업을 진행하고 있다.

예컨대 'Speak for the Species'는 11학년 학생이 주축이 되어 꾸민 프로젝트인데, "다양한(생물의) 종을 위해 발언하라"라는 프로젝트 이름처럼 학교가 위치한 캘리포니아의 지리적, 자연적 특성 및 공동체를 적극 활용하도록 기획하였다. 프로젝트를 만든 학생들은 캘리포니아주가 생물 다양성의 보고(biodiversity hotspot)로 선정된 전 세계 34곳 중 하나지만 다양한 개발 정책으로 인해 풍요로운 동식물상(flora and fauna)이 심각하게 훼손되고 있는 사실을 주지했다. 그래서 캘리포니아주에 위치한 다양한 국립공원을 탐방하는 프로젝트를 통해 위기에 처한 멸종 식물들에 대해 배우고 보호 캠페인을 준비하는 등 다양한 공익성 프로그램 만들기에 도전한다. 이 프로젝트를 통해 학생들은

⟨HTH 학생 프로젝트 예시⟩

출처: https://www.hightechhigh.org/hth/projects/

다음과 같은 문제를 탐구하게 된다.

- 생물 다양성의 보고란 무엇인가?
- 인간은 어떻게 환경에 영향을 주는가?
- 생물 다양성의 훼손은 우리 삶에 어떠한 대가를 지불하게 될 것인가?
- 어떻게 이 문제를 대중에게 흥미로운 방식으로 알릴 수 있을까?
- 어떻게 이 문제에 대한 효과적인 대화적 서사(oral narrative)를 생성할 수 있을 것인가?

이러한 프로젝트를 활용한 융합 수업은 다양한 자연적, 사회적, 과학적 현상을 분석하고 해석할 수 있는 능력을 학생들에게 심어주고, 학생의 관심과 필요 등에 의해 역동적, 생성적으로 교육과정을 생성하는 데 그 의의가 있다. 뿐만 아니라 이 학교의 융합 수업이 주목을 받는 이유는 프로젝트 수업을 하는 데 있어 강조되는 사회, 정서, 인지적인 능력 때문이다.

49쪽의 그림에서도 알 수 있는 것처럼 학생들의 역량 강화를 위해 HTH 학교에서는 사회정서개발전문가(Social and emotional development specialist)를 두고 학생들이 프로젝트 및 수업을 통해 사회 정서적 웰빙(social emotional well-being)을 강화시킬 수 있는 방법과 방향을 지도해 주고 있다. 이들은 학생들이 다양한 배경과 문화의 사람들과 공감하며 그들의 관점을 이해할 수 있도록 잘 듣고 소통하며 협상하고 협업할 수 있는 관계 기술을 지도한다. 또한 학생들이 자신의 강점과 단점을 찾고

자기관리	S.E.L 핵심 주요역량	자의식

자기관리
- 본인 감정 조절하기
- 스트레스 관리하기
- 자기조절
- 자기동기부여
- 스트레스 관리
- 목표 설정하고 이루기

자의식
- 본인 감정에 라벨링하기
- 감정과 생각을 행동과 연관짓기
- 강점과 도전에 대한 정확한 자가진단
- 자기 효능감
- 긍정적 사고

사회적 의식
- 관점 취하기
- 공감
- 다양성 존중하기
- 행동의 사회적, 도덕적 규범 이해하기
- 가족, 학교, 공동체 지원 알아보기

책임감 있는 결정 내리기
- 본인과 다른 이들의 행복 생각하기
- 도덕적으로 행동할 책임감 알기
- 결정을 안전, 사회적, 도덕적 고려에 기반하기
- 다양한 행동의 현실적 결과 평가하기
- 본인, 관계, 학교를 위한 건설적이고 안전한 결정 내리기

관계의 기술
- 다양한 개인 및 집단과 관계 쌓기
- 명확하게 의사소통하기
- 협동적으로 일하기
- 갈등 해결하기
- 도움 구하기

〈HTH 커리큘럼 핵심 역량〉

출처: https://www.hightechhigh.org

스트레스를 이기고 성장할 수 있는 마인드를 갖는 데도 도움을 준다.

이러한 교육적 목표는 비단 그 자체로 가치가 있지만 최근 부각되고 있는 '사회정서학습(Social Emotional Learning)'과도 연결된다. 기존에는 학생의 사회 정서적 학습과 훈련이 학생의 훈육에만 효과적이라고 알려졌지만, OECD가 9개 국가를 상대로 한 최근의 연구에서 균형 잡힌 인지적, 사회 정서적 기술을 갖는 것은 학생들이 21세기를 살아가는 데 매우 중요한 부분을 차지하는 것으로 드러났다.[19]

---

19 OECD, "Skills for Social Progress: The Power of Social and Emotional Skills", 2015, http://www.oecd.org/edu/ceri/skills-for-social-progress-key-messages.pdf.

다양한 분야의 전문지식을 가진 인재들이 공통의 문제 해결을 위해 모여 각자의 능력에 맞게 업무를 정하고 협업하는 과정에서 대두되는 중요한 능력이 바로 사회(social), 관계(interpersonal), 감성(emotional) 능력이다.

학생들의 사회 정서적 웰빙은 '세계 시민 교육'과도 깊은 연관이 있다. 미국의 법철학자이자 교육 철학자인 마사 누스바움(Martha Nussbaum)은 세계 시민 교육에 큰 파장을 불러온 저서 『인간성 수업 (Cultivating Humanity)』(1998)에서 현재 우리가 살고 있는 세계화된 시대에 가장 필요한 능력으로 다음 세 가지를 꼽는다.[20]

1. 자신의 전통에 대해 비판적으로 고찰할 수 있는 능력(The examined life)
2. 살고 있는 지역과 소속을 뛰어넘어 스스로를 전 지구적인 의미의 세계 시민(The world citizenship)으로 간주하고 소통할 수 있는 능력
3. 자신과 많이 다른 사람의 입장에서 생각하고 느낄 수 있는 능력 (Narrative imagination).

누스바움은 경제 발전과 물질적 번영을 위해 국가 교육제도가 과학과 기술 교육을 강조하는 것도 중요하지만 문학, 예술, 철학, 역사와 같은 교양 교육을 통해서 상대방을 배려하고 이해할 수 있는 자질을

---

20 Nussbaum, M. C. (1998). Cultivating humanity. Harvard University Press.

기술적인 지식 습득 전에 고양시키는 것이 선행되어야 한다고 주장한다.[21] 이러한 다면적인 사회 정서적 능력 및 공감 능력 배양을 통해 학생들은 급변하는 사회 속에서도 건강한 관계를 형성하며 일상에서 구체적인 행위를 결정지을 수 있는 내적인 힘을 쌓게 된다.

스탠포드 대학의 상징체계 수업

실리콘밸리의 태동을 이끈 스탠포드 대학에는 많은 융합 과목이 존재한다. 그중에서 실리콘밸리 굴지의 기업들의 리더들을 가장 많이 배출한 것으로 유명한 과목이 '상징체계(Symbolic Systems)' 수업이다.

이 과목은 1986년에 만들어진 후로 수많은 졸업생을 배출했는데 그 졸업생들의 면면이 화려하다. 비즈니스계의 페이스북이라 일컬어지는 링크드인(LinkedIn)의 설립자인 리드 호프먼, 인스타그램의 공동 설립자인 마이크 크리거, 야후의 CEO인 멀리사 메이어 등이 모두 이 과목을 공부했다. 페이스북의 설립자인 마크 저커버그도 이 전공 프로그램이 "전 세계에서 가장 재능 있는 인재들"을 배출해 냈다고 극찬을 했다.[22]

---

21 Nussbaum, M. C. (2006). Education and democratic citizenship: Capabilities and quality education. Journal of human development, 7(3), 385-395. P.394

22 Eugene Kim, "This popular major at Stanford produced some of the biggest names in tech", 「Business Insider」, 2012. 01. 21.

과연 이 과목이 그토록 걸출한 인물들을 배출할 수 있었던 비결은 무엇일까? 바로 컴퓨터 과목과 철학, 논리학, 언어학, 심리학, 통계 등 인문/사회 과목을 한데 모아 전공수업을 만든 '융합'에 그 비밀이 있다. 그리고 그 융합의 중심에는 이 과목을 만든 토마스 와소(Thomas Wasow) 교수가 있는데, 그 자신이 학부 때는 수학을 전공하고 박사 과정에는 언어학을 전공한 문·이과 융합적인 배경의 소유자다.

특히 그는 1987년부터 4년 동안 스탠포드 대학에서 학부생을 담당하는 학생처장을 맡으면서 학부 교육에 대한 많은 고민을 거듭했는데, "학부생들한테 뭘 교육해야 하는지에 대해서 정말 많은 생각을 했었죠."라고 말하면서 상이한 과목 사이의 다리를 놓는 시도를 하게 되었다고 회상한다.[23]

이 융합 전공과목에서 학생들은 정보를 표현하고, 가공하고, 실행하는 인공적이고 자연적인 시스템의 관계에 대해서 배우게 되는데, 이를 위해 컴퓨터 프로그램, 자연어, 인간의 인지 능력, 그리고 인터넷의 상관관계와 그에 파생된 개념들에 대해서 탐구해 보는 시간을 갖게 된다. 이러한 교육과정을 통해 학생들은 "인간의 인지능력은 어떻게 작동하는가? 컴퓨터와 컴퓨터 언어가 인간과 인간의 언어와 어떻게 비슷한가? 인간과 컴퓨터의 상호작용을 어떻게 더 쉽고 유익하게 만들 수 있는가?"[24]에 대한 탐구를 기호 논리학(Symbolic logic),

---

23 스콧 하틀리 (2017). 『인문학 이펙트』, 마일스톤, 335쪽.

24 Michelle Leung, 'Unique to Stanford: Digital humanities bridges technology and humanities', Feb. 1, 2019, The Stanford Daily.

인지 심리학(Cognitive psychology), 통계(Statistics), 인공지능(Artificial intelligence) 등의 코스를 통해 문제 해결을 위한 학제간 접근을 배우고 익히게 된다.[25]

이 전공과목의 홈페이지에 쓰인 다음과 같은 재미있는 글귀야말로 이 책에서 설명하고자 하는 융합의 진수를 잘 보여준다고 할 수 있다.

"이 과목은 기술과 인문학의 결합입니다 – 기술쟁이와 인문쟁이의 단절은 사절!"

"It's a blend of technology and liberal arts – no more techy-fuzzy divide."

---

25 위의 기사

우리나라 융합교육의 현실

STEAM 교육

우리나라에서도 이제 한 우물만 파서는 성공하기 힘들다는 인식이 지배적이며, 이러한 추세와 발맞추어 융합교육 역시 발전해 나가고 있다. 우리나라의 융합교육 모델 중에 가장 대표적인 것이 수학, 과학, 기술, 공학을 합쳐 융합인재교육을 목표로 하는 STEAM (Science, Technology, Engineering, Arts, Mathematics) 교육이라 할 수 있다.

1990년대 미국과학재단(National Science Foundation)에서 처음 시작된 STEM 교육 모델은 "초·중등학교 단계부터 현대 과학기술 사회의 다양한 분야의 융합 지식을 습득케 하고, 교육과정에서 감성적 체험을

---

26 홍현미, 「융합인재교육(STEAM)을 위한 플립러닝 수업설계원리 개발 연구」, 『서울대학교 박사 논문』(2017), 22쪽.

도입함으로써 주어진 문제에 대한 흥미와 이해를 높여 창의적이고 종합적으로 문제를 해결할 수 있는 융합적 소양을 갖춘 인재를 양성하는 교육"이다.[26]

우리나라에서는 한국과학창의재단 등에서 미국의 STEM 교육을 모델로 '융합인재교육'이라는 이름으로 STEAM 교육을 개발 운영하고 있다. STEAM은 과학(Science), 기술(Technology), 공학(Engineering), 예술(Arts), 수학(Mathematics)의 머리글자를 따서 새롭게 만든 용어로 미국의 STEM에 Arts(A)를 더한 것이다.

STEAM 교육, 즉 융합인재교육은 4차 산업혁명이 요구하고 있는 기본적인 역량인 커뮤니케이션 능력, 협동, 비판적 사고, 창의성 등을 배양하는 데 초점을 맞추었다. 개인 학습뿐만 아니라 팀 기반 학습 그리고 단체 기반 학습을 통해 협동 능력을 강화시키고, 학생들이 여러 과목을 연결하고 연관시키는 데 도움이 되도록 하나 이상의 구조적 (또는 교육적) 체계를 만들고 있다.

우리나라 초·중·고등학교의 56.8%에 해당하는 6,473개교가 참여하여 STEAM 교육 운영 현황에 대해 조사한 연구에 따르면, 조사 당시인 2015년 기준으로 초등학교는 30.8%, 중학교는 27.4%, 고등학교는 17.5%의 수준에서 STEAM 교육을 실행하고 있는 것으로 나타났다. STEAM 교육 시행 비율이 가장 높은 학교급은 초등학교였으며 그 다음으로 중학교, 고등학교 순서였다.[27]

---

27 박현주, 변수용, 심재호, 백윤수, 정진수 (2016). 우리나라 초·중·고등학교의 STEAM 교육 운영 현황 실태조사. 한국과학교육학회지, 36(4), 669-679.

STEAM 교육 실행 비율은 지역마다 큰 차이가 있었는데 이는 "지역교육청의 역점 사업 또는 중점 사업의 차이에 기인할 것으로 사료"되며, STEAM 교육의 실행 주요 이유로 교사의 자발적 노력 다음으로 교육청 지원이 지목된 것에서 알 수 있다.[28]

STEAM 교육 성공의 첫 번째 이유가 교사의 노력이었다면, STEAM 교육을 실행하지 못하는 첫 번째 원인도 교사 간의 합의를 끌어내지 못한 것이다. STEAM 교육의 실행이 대부분 교육청의 지원에 의해 top-down 방식으로 이루어지며 여기에 교사의 자발적인 참여나 협력이 뒷받침될 때만 힘을 받는 것으로 해석할 수 있다.

뿐만 아니라 다른 문제점도 드러났는데 "STEAM 교육을 공학의 본성과 예술·인문 사회의 본성이 포함된 교수학습 전략적 접근으로 이해하기보다는, STEAM의 개념을 축소하여 제한적으로 적용"하여 "학교 또는 교사들이 STEAM 교육을 교과 내 또는 교과 간의 융합 정도로 이해하거나 특정 교과를 위한 정책으로 이해하고 수행함으로써, STEAM이 지향하는 본래 의도가 살아나지 못하고 있으며 학교 교육 현장에서 효과적으로 적용되지도 못하는" 현상도 발생했다.[29]

---

28 박현주, 변수용, 심재호, 백윤수, 정진수 (2016). 우리나라 초·중·고등학교의 STEAM 교육 운영 현황 실태조사. 한국과학교육학회지, 36(4), 678쪽.
29 위의 논문 678쪽.

수학 과학 중심의 영재교육

STEAM 교육뿐만 아니라 국내에서 융합교육이 활발히 이루어지는 분야는 영재교육 분야이다. 영재를 대상으로 하는 융합교육은 영재학교, 영재교육원, 영재학급 등 다양한 기관에서 운영되며 초등학교부터 고등학교까지 폭넓게 운영되고 있는 반면에, 인문사회 융합영재교육은 영재학급과 교육청 영재원에 한정되어 실행되고 있다.

교육부에서 발표한 제4차 영재교육진흥종합계획(2018~2022)에 따르면 영재교육원은 창의·융합 탐구역량 계발을 위한 관심 분야의 집중 학습형 교육을 중심으로 운영되며 이를 위해 미래사회를 대비한

○ 영재교육 기회제공을 위한 영재교육기관 확대로 영재교육 수혜자 증대

연도	2013	2014	2015	2016	2017
영재교육 대상자 수	121,421	117,949	110,053	108,253	109,266
전국 초중등학생 수	6,481,492	6,285,792	6,088,827	5,882,790	5,725,260
비율	1.87%	1.88%	1.81%	1.84%	1.91%

※ 통계자료: GED, 2017 교육기본통계(교육부)

○ 수·과학 분야 이외 영재교육 확대 추진을 통한 다양한 재능 계발 기회 제공(수·과학 이외 영재교육 분야확대 추진, 목표 22%)

구분	수·과학	발명	정보	외국어	예술·체육	인문사회	기타	계
학생수(명)	84,468	4,563	5,193	2,232	4,192	4,096	4,522	109,266
비율(%)	77.03%	22.70%						100%

〈'17년 영재교육 대상자수 분야별 현황〉

출처: 교육부 (2018.3) 제4차 영재교육진흥종합계획[2018~2022].

다양한 융합형·ICT 연수 프로그램을 개발하고, 영재교육 담당교원 연수 기회를 확대할 예정이다.

우리나라에서 영재교육을 받는 학생은 전체 학생의 1.9%에 불과하다. 그리고 영재교육 분야도 수학 과학 중심으로 편향되어 영재교육을 받는 학생의 70% 이상이 수학 과학 중심의 융합교육을 받고 있는 실정이다.

수학 과학 분야로의 편향성을 해결하기 위해 예술 및 인문사회 분야의 영재교육 활성화를 위한 지원 강화도 꾀하고 있는데 이를 위해 정부는 수학 과학 이외 영역에 예술영재교육원 등과 같은 영재교육 전문 연구 기관을 확대하고, 지역 대학을 활용한 인문학(문학, 철학 등)과 사회과학(법, 정치, 경제 등) 분야의 영재교육 기회 확대를 계획하고 있다. 또한 예술 및 인문사회 분야에 영재학급 신설을 확대하여 다양한 분야의 기초단위 영재 발굴을 확대하여 종전(2017년)의 22.7%에서 2022년까지 수혜율을 25%로 끌어올릴 예정이다.

인문사회 영재는 "종합적 고등 사고능력 즉 추론적 사고, 역사 인식, 비판적 사고, 창의적 시각, 논리적 유추 등의 인지능력을 선천적으로 갖추고 있으면서 특히 인문사회 분야 즉 어휘력, 문예창작, 통역, 번역, 토론, 자기성찰 등과 관계있는 문학(文), 사회(史), 철학(哲) 분야에서 재능을 발휘하는 사람"으로 정의되는데,[30] 특정한 영역에서뿐만 아니라 방대한 영역에서의 재능 발휘가 요구되기 때문에 그 능

30 송인섭, 문은식, 하주현, 김누리, 성은현 (2009). '영재를 위한 인문사회 영재교육 프로그램 방향', 영재와 영재교육, 8(1), 49-68.

력이 가시적으로 드러나기까지 발현 시기가 수학 과학 영재보다 훨씬 늦고, 그 성과물을 확인하는 데도 상대적으로 한계가 있다.[31] 따라서 "상대적으로 가시적 성과를 평가하기에 용이한 수학, 과학 중심의 융합교육 연구가 구체적인 실천 전략을 개발하고 교육 효과를 현장에서 직접 확인하는 동안 인문사회 융합교육에 대한 논의는 교육적 의미를 추상적인 수준에서 정리하는 데에 머물렀던 경향이 있다."[32]

우리나라 융합교육의 방향

초·중·고등학교에서의 STEAM 교육이나 융합영재교육에서 드러난 인문사회 분야 교육의 상대적 부재는 문·이과를 통합하는 융합교육을 일선학교에서 실행하는 것이 얼마나 힘든가를 단면적으로 보여준다. 우리나라의 융합교육이 이과에 치우치고, 문·이과를 엮는 융합 프로그램이 부재한 것도 이러한 환경에서 연유한 것으로 볼 수 있다. 또한 대부분의 융합교육이 정부 주도로 진행되는 top-down 방식인 것과 학교 및 학생 자치적인 융합 프로그램이 부재한 것도 우리나라 융합교육이 가지고 있는 한계점이자 약점이라고 할 수 있다.

---

31 Sternberg, R. J., & Kaufman, J. C. (2010). Constraints on creativity. The Cambridge handbook of creativity, 467-482.
32 조은별, 강미라 (2018). '인문사회 융합교육의 특성에 대한 교사 인식: STEAM과의 비교를 중심으로', 영재와 영재교육, Vol. 17, No. 1, pp. 83-111. 86쪽

이러한 의미에서 민사고의 융합 프로그램은 국내에서 행해지고 있는 융합교육의 문제점을 해결하고 새로운 대안을 찾아내고자 하는 시도라 하겠다. 민사고의 융합교육 프로그램은 세계로 뻗어 나가 블루오션을 개척해 내고 그 이익을 사회에 환원할 수 있는 인재, 이를 위해 실용적인 니즈를 찾고 개발할 수 있는 인재, 문·이과를 자유자재로 넘나들 수 있는 인재 양성을 목표로 한다.

학생과 교사가 자발적으로 움직여 융합 프로젝트를 계획하고 만들며 실행한다는 면에서 기존 STEAM 교육 및 융합영재교육이 가지고 있는 정부 주도의 top-down 방식의 한계를 극복하고, 또한 프로젝트의 목적 자체가 문·이과 통합을 강조한다는 면에서 기존의 이과 중심 융합교육의 틀을 벗어난다고 할 수 있다.

2장

민사고 융합교육 3단계

민사고 융합교육의 목표

전 세계가 주목한 학교

민사고는 1996년 창립 초기부터 "민족정신으로 무장한 세계적 지도자 양성"이라는 목표로 교육과정을 꾸렸다. 이러한 교육과정의 두 축이 바로 민족주체성 교육과 영재교육이었다.

민족주체성 정신은 인성과 예술 교육의 형태로 발현이 되었다. 또한 영재교육은 개별 탐구 학습 및 선택 교과, 자율 연구 학생 제도로 구현되었는데 학년, 계열 간 구분을 없애고 학생 스스로가 개개인의 소질과 적성에 따라 수업 과정을 선택하도록 하며 특정 주제 중심의 과제 연구 및 심화 학습을 가능케 하는 등 독창적인 한국형 영재교육 모델로 발전시켰다.

민사고 교육과정의 특징은 과목 선택의 자율성을 보장하여 학생 개인마다 각각 다른 교육과정을 설계할 수 있도록 하고, 이를 위해 일반·심화 과정의 보통 교과 이외에 전문 교과를 매 학기마다 과목별로 다양한 레벨로 개설한다는 데 있다. 이러한 교육과정이 가능한 것은 교수 1인당 학생 수가 6명 정도로 굉장히 낮고 교사 전원이 석박사 출신으로 교사의 수준 또한 높기 때문이다. 즉 학생들이 원하는 주제에 대해 심화된 내용을 가르칠 수 있는 교육 환경이 조성되어 있다.

민사고는 1999년 국내 최초로 유학반을 설립하여 학생들이 글로벌 대학 및 무대에 진출하게 하는 글로벌 교육을 선보였다. 2007년에 미국의 SAT 시험을 관장하는 College Board가 뽑은 World Best School에 선정되었고, 『월스트리트 저널』은 미국 고등학교를 제외하고 전 세계에서 아이비리그 대학에 가장 많은 학생을 보내는 학교라 소개했다. 이처럼 민사고의 글로벌 교육 프로그램은 국외에서 인정을 받았을 뿐 아니라 국내에서도 많은 고등학교들이 글로벌 프로그램을 만들 때 벤치마킹하는 학교가 되었다. 또한 다양한 형태의 국제중학교 및 국제고등학교가 만들어지는 계기가 되기도 했다.

민사고 융합영재교육의 특징

설립 후 지난 20여 년간 민사고는 학교 안팎의 사회적 요구에 맞추어 교육과정을 성장 발전시켜왔다. 인공지능을 위시로 하는 4차 산업혁명으로 빠르게 변화하는 사회, 경제, 노동 시장의 변화에 맞춰 대한민국 교육제도와 패러다임도 그에 맞춰 변하고 있으며, 민사고 역시 이에 발맞춰 교육과정의 진화를 위한 노력을 꾀하고 있다.

특히 2015년 개정 교육과정은 창의적 문제해결력을 지닌 융합 영재 양성을 목표로 초·중·고등학교에 다양한 프로젝트 기반 통합 교과를 개설하였고, 이에 민사고도 23기부터 학생들로 하여금 인문학적 상상력과 과학적 합리성을 교육한다는 목표 아래 융합교육과정을 편성 운영하기 시작했다. 민사고의 '융합교육'에 대한 정의는 다음과 같다:

> "두 개 이상의 학문(인문사회, 자연과학, 예술체육 등)의 지식과 연구 방법, 직관과 상상력을 활용·배양하여, 우리 삶과 현실에서 중요한 문제들을 발견 또는 해결하거나, 새롭고 창의적인 가치나 결과물을 만들어내는 교수 학습 활동을 함으로써 세상을 변화시키는 창의적 인재를 육성하는 교육이다."

위의 정의에서 드러나듯이 민사고의 융합교육과정은 문과, 이과, 예술 분야의 단순한 지식적인 통합이 아니라 각 분야가 가지고 있는 철학적 인식론적 기반(epistemology), 방법론(methodology)을 연결하고 통합하여 새롭고 독창적인 결과를 만들어내는 것을 추구한다. 이를 위해 학생들은 먼저 자기가 생활하는 학교나 가정에서 일어나는 일상적인 문제부터 국가 혹은 국제 사회의 거시적인 제도적 문제까지 관심 있는 분야의 다양한 문제를 다각도로 탐색하여 해결하고자 하는 문제를 찾고 구성한다.

문제를 해결하기 위해 학생들은 나와 다른 성향과 관심, 경험을 가진 학생, 교사 그리고 외부 전문가들과 소통하고 협업하는 과정을 통하여 일반 교과 과정에서는 배울 수 없는 직관력과 상상력을 키우는 연습을 하게 된다. 또한 수업 시간에 교실에서 하는 활동에서 벗어나 자기 주도적으로 문제 해결을 위한 전문가를 학교 내외부에서 직접 찾아서 소통하는 활동을 통해 세상을 변화시키는 창의적인 인재로 성장해 나가게 된다.

바로 이러한 교육과정 자체가 민사고가 융합영재교육을 통해 추구하는 교육 모델이라 할 수 있다. 민사고의 융합영재교육은 다음 그림에서 나타난 바와 같이 융합독서, 융합 상상력, 융합 프로젝트 3단계로 프로그램화되어 있다.

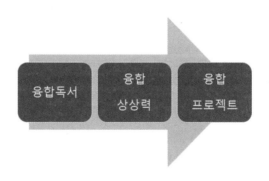

3단계 프로그램은 민사고 교사들이 다년간 많은 고심과 토의를 한 결과 만들어낸 것이다. 학생들이 융합 프로젝트에 돌입하기에 앞서

충분한 독서와 생각을 통해 지식 기반 및 사고력을 쌓기 위해 만들어졌다. 또한 학생들이 신입생으로 들어온 해부터 융합교육 프로그램을 듣게 함으로써 융합교육에 대한 관심을 환기시키고 기존의 교육과정상의 과목들과 유기적으로 연결시키려는 목적을 가졌다.

　융합 교과 시간은 일주일에 3시간을 할당하는데, 이 교과 시간은 융합독서, 융합 상상력, 융합 프로젝트 중 하나를 학기마다 수강 신청할 때 선택할 수 있다. 하지만 재학생들이 융합 교과 과목들을 차례대로 체험할 수 있도록 1학년 1학기에는 융합독서만 선택할 수 있고, 1학년 2학기에는 융합 상상력과 융합독서 중에서만 수강 신청을 할 수 있다. 또한 3학년 2학기까지 융합 상상력과 융합 프로젝트를 최소 한 학기를 들어야 졸업할 수 있다.

융합독서 수업

1학년 1, 2학기 때 배우는 융합독서는 융합에 대한 기본적인 지식을 배양하는 수업이다. 학생들은 각 학문 영역이 가지고 있는 고유하고 특징적인 사고를 체험하기 위해 선정된 특정 주제를 잘 구현할 수 있는 도서를 읽게 된다.

2020년 1학기에는 '변화(change)', 2학기에는 '인간성(humanity)'을 공통 주제로 선정하였는데, 주요 도서 목록은 다음과 같다.

민사고 융합독서 주요 도서 목록

- 19세(이순원)
- 압록강은 흐른다(이미륵)
- 아이, 로봇(아이작 아시모프, 우리교육)

- 뉴턴의 무정한 세계(정인경, 돌베개)

- 장하석의 과학, 철학을 만나다(지식 플러스, EBS)

- 유토피아(토마스 모어 지음, 을유문화사)

- 십대가 알아야 할 인공지능과 4차 산업혁명의 미래(전승민, 팜파스)

- 이만근 교수의 수학 오디세이 1, 2(이만근, 21세기북스)

- 이 문제 정말 풀 수 있겠어?(홀거 담베크, 북라이프)

- 살아있는 정리(세드릭 빌라니, 해나무)

- 철학이란 무엇인가(버트런드 러셀, 문예출판사)

- 리스본행 야간열차(파스칼 메르시어 지음, 들녘출판사)

- 이것이 생물학이다(에른스트 마이어 지음, 바다출판사)

- Things Fall Apart(Chinua Achebe, Anchor Books)

- Pygmalion(Bernard Shaw, Penguin)

- Oedipus Rex(Sophocles)

이를 위해 인문, 사회, 과학, 수학, 예술 교사 9명이 팀을 이루어 수업을 실시하며 학생들은 한 학기에 다음의 세 그룹 중에 하나를 선택하여 3개의 영역을 모두 교차로 수업하게 된다.

A그룹: 문학, 영문학, 과학

B그룹: 문학, 수학, 과학

C그룹: 영문학, 역사, 수학

	그룹	도서 목록
2019년 1학기	A	국어: 빌헬름 마이스터의 수업시대 1, 2(괴테 저) 역사: 역사란 무엇인가?(E.H. CARR 저), 누구를 위한 역사인가?(케이스 젠킨스 저), 생물: 이것이 생물학이다(에른스트 마이어 저)
	B	국어: 19세(이순원 저) 사회: 제3신분이란 무엇인가(엠마뉘엘 조제프 저), 미국의 민주주의2(알렉시스 토크빌 저) 물리: What is this called Science(A.F Chalmers 저)
	C	수학: The Code book 비밀의 언어 암호의 역사와 과학(사이먼 싱 저) 미술: The Art Book(Dorling Kindersley 저) 역사: 생각의 지도(리처드 니스벳 저), 신기관(프랜시스 베이컨 저), 유토피아(토마스 모어 저)
2019년 2학기	A	국어: 필경사 바틀비(허먼 멜빌 저) 영어: Unaccustomed Earth(Jhumpa Lahiri 저) 생물: 라마찬드란 박사의 두뇌 실험실(V.S. 라마찬드란 저)
	B	국어: 피노키오(카를로 콜로디 저) 사회: 도덕 형이상학을 위한 기초 놓기(칸트 저), 자유의 두 개념(이사야 벌린 저), 직업으로서의 정치(막스 베버 저) 물리: 인간 본성에 대하여(에드워드 윌슨 저)
	C	수학: 마음의 탄생(레이커즈 와일 저) 미술: Design Basics(Stephen Pentak 저) 역사: 장하준의 경제학 강의(장하준 저), 호모 루덴스(요한 하위징아 저)
2020년 1학기	A	국어: 19세(이순원 저) 물리: What is this called Science(A.F Chalmers 저) 수학: 수학이 필요한 순간(김민형 저), 미술관에 간 수학자(이광연 저), 이 문제 정말 풀 수 있겠어?(홀거 담베크 저)
	B	국어: 리스본행 야간열차(파스칼 메르시어 저) 생물: 이것이 생물학이다(에른스트 마이어 저) 영어: Pygmalion(Bernard Shaw 저)
	C	역사: 유토피아(토마스 모어 저) 수학: 십대가 알아야 할 인공지능과 4차 산업혁명의 미래(전승민 저) 영어: Things Fall Apart(Chinua Achebe 저)
2020년 2학기	A	국어: 아이, 로봇(아이작 아시모프 저), 로숨의 유니버설 로(카렐 차페크 저) 생물: DNA 유전자 혁명 이야기(제임스 D. 왓슨, 앤드루 베리, 케빈 데이비스 저)

	B	물리: 왜 사람들은 이상한 것을 믿는가(마이클 셔머 저) 수학: 길 위의 수학자(릴리언 R. 리버 저)
	C	영어: Oedipus the King(Sophocles, David Grene 저) 수학: 4차 인간(이미솔, 신현주 저)
2021년 1학기	A	국어: 19세(이순원 저) 수학: 수학이 필요한 순간(김민형 저) 역사: 유토피아(토마스 모어 저)
	B	생물: 생명이란 무엇인가(폴 너스 저), Newton Highlight 다윈진화론(일본 뉴턴프레스 저), 진화란 무엇인가(에른스트 마이어 저) 영어: Passing(Nella Larsen) 지구과학: 과학, 철학을 만나다(장하성 저)
	C	영어: The Curious Incident of the dog in the Night-time(Mark Haddon 저) 수학: 십대가 알아야 할 인공지능과 4차 산업혁명의 미래(전승민 저) 사회: 굿라이프(최인철 저) 국어: 아몬드(손원평 저)
2021년 2학기	A	수학: 인간의 삶과 수학, 길 위의 수학자(릴리언 R. 리버 저) 국어: 로숨의 유니버설 로봇(카렐 차페크 저), 아이, 로봇(아이작 아시모프 저)
	B	역사: 장하준의 경제학 강의(장하준 저), 호모 루덴스(요한 하위징아 저) 생물: 인간 본성에 대하여(에드워드 윌슨 저)

융합독서 시간에 책만 읽는 것이 아닌 독서 후에 발표 및 토론 시간을 갖고 또 학기별로 융합독서 활동을 총정리하는 학술제나 박람회 등을 갖는다. 이를 통해 학생들은 다양한 분야에 관심을 갖고 생각하며 소통하는 기회를 가지게 된다.

예컨대 융합독서 시간에 학생들은 『필경사 바틀비』를 읽고 '조별 활동에서 무임승차를 바라보는 관점'에 대해서 세 페이지 분량의 글을 쓰거나 『생각의 지도』를 읽고 문화권에 따라 다르게 나타나는 특징들이 어디서 기인한 것인지에 대한 토론을 한다. 또 다른 수업에서는 학생들이 한 국가에 지대한 영향을 미친 건축물들을 선정해서 가져온 후 서로 공유하고 발표하는 시간을 가지기도 하며, 사회과 수업에서는 플라톤, 아리스토텔레스, 토마스 페인 등 여러 시대의 철학자들의 '시민'의 정의에 관한 글을 읽고, '시민이란 무엇인가?'에 대해서 생각하며 두 페이지 분량의 논설문을 작성하는 시간을 갖게 된다.

융합 상상력 수업

2단계 수업은 융합 상상력으로 2학년 1학기부터 3학년 1학기까지 3학기에 걸쳐서 진행을 한다. 학생들은 주제에 따라 주어진 과제를 해결하기 위해 사전에 배경지식을 검색하고 학문 간의 연결고리를 찾아내는 활동을 하게 된다.

개별 교사가 각 수업을 진행하거나 두 명 이상의 교사가 팀을 이루어 인문사회와 자연과학 분야를 통합하는 융합 교과 수업을 진행하게 되는데, 2020년 이루어진 융합 상상력 수업 주제 예시는 다음과 같다.

융합 상상력 수업 주제

• 포스트 휴머니즘
• 식민지 시대에 태어났으면 나는 어떻게 살았을까?

- 에너지, 자원, 환경문제
- Mathematics in Life and Society
- 우주 생성에 관한 상상에 상상력을 더하다
- Life Essentials for Humans
- 화학으로 바라본 건강 세상
- 수학, 패턴인식
- 수원화성의 과거, 현재, 미래
- 현대미술과 물리
- Rethinking Space in KMLA

과학 철학을 공부하는 '포스트 휴머니즘' 수업에서는 첨단 과학기술 및 생명공학의 발전 그리고 무엇보다 인공지능의 등장이 인간상에 대해 던져 주는 철학적 논의에 대해 학생들은 탐구해 보게 된다. 교재를 함께 읽고 발표해 보면서 인간을 하나의 사이보그로 규명한 저자의 견해에 대해 비판적으로 고찰해 보고 신경 과학 및 인지 과학에서의 경험적 발견을 바탕으로 인간의 자유 의지에 대해 생각해 보는 시간을 갖는다.

'에너지, 자원, 환경문제' 수업에서는 인류 생존과 문명에 가장 필수적인 '미래를 어떻게 준비할 것인가?'라는 근원적 질문을 고찰해 보는 시간을 갖는다. 이를 위해 과학, 인문, 경제, 정치, 예술, 국제 외교 분야의 지식, 연구 방법을 사용하여 집단적인 토론과 협업을 하면서 학생들은 미래에 대한 창의적인 통찰을 배양하는 시간을 갖게 된다.

'Rethinking Space in KMLA' 수업은 원어민 선생님과 함께 하는 시간으로 학생들이 생활하고 있는 민사고의 다양한 공간에 대해서 다른 방식으로 생각해 보는 수업이다. 'Are these spaces the best as they are?(이 공간은 지금 현재의 모습이 가장 최적인가?)', 'What are our needs?(우리가 가지고 있는 가장 큰 필요는 무엇인가?)', 'How can we improve our experiences of these spaces?(이 공간들에 대한 우리의 경험을 향상시키기 위한 방법에는 어떤 것들이 있을까?)'라는 질문을 통해 학생들은 자신이 생활하는 공간을 다양한 시각으로 살펴보게 된다.

융합 상상력 수업은 지식적 측면을 강조하는 융합독서와 경험적 측면을 강조하는 융합 프로젝트를 잇는 가교 역할을 한다. 학생들은 융합 상상력 수업으로 주어진 주제에 대한 과제를 해결하기 위해 배경지식을 검색하고 학문 간의 연결 고리를 찾는 활동을 통해 융합 프로젝트를 준비하는 자기 주도적 학습능력을 키운다.

다음은 실제 민사고에서 진행한 융합 상상력 수업 중 '현대미술과 물리' 수업 지도안이다.

단원명	융합 상상력 [현대미술과 물리] 과목 소개	차시	1차시 (1)	강의유형	강의식
학습목표	융합 상상력 교과의 개설에 대한 배경 설명을 하고 7주 동안 진행 방향과 평가 기준에 대해 소개한다.				
학습자료	교재(미술과 물리의 만남), 중세미술 ppt자료, 미술작품집, 현대물리 ppt자료, 읽기 자료				
단계	교수 학습 활동				
	교사		학생		

도입	지원자 확인–11명 (남 6명/여 5명) – 지도교사 소개

	1. 융합 교과의 설정 이유 – 4차 산업혁명 시대 대비
	4차 산업혁명 시대에 필요한 미래형 인재는 간학문적 융합형 인재이다. 이제 하나의 전공만으로는 복잡한 현대 세계에서 살아남을 수 없음은 자명하다. 학문 간의 연결고리를 찾아내고 최적의 융합상태의 결과물을 만들어내야만 미래 세계를 대비할 수 있다. 그런 의미에서 융합 상상력 시간을 통해 글의 핵심과 새로운 아이디어를 찾아내고 발표하는 능력은 물론 현대미술과 물리와의 관계를 고찰해보는 논술글을 써서 자신의 생각을 정리하는 능력은 미래형 인재가 가져야 할 최고의 능력이다. 하나에다 하나를 더해서 얻어지는 것이 두 개가 아니라 하나가 될 수도 있고 하나 반이 될 수도 있다. 다시 말해서 이제는 정형화된 결과에만 만족해서는 미래가 없다. 얼마든지 새롭고 비정형화된 결과를 도출해야 할 시점에 와있는 것이다. 결론적으로 현대미술과 물리 시간은 미래형 인재를 양성한다는 점에서 다른 어떤 과목보다 유의미하고 중요하다.

전개 (1)	2. 융합교육과정 설명 도표 – 2학기 필수 선택 2종류 [융합 교과, 융합 프로젝트] [STEAM 융합교육 도입] 2006년 버지니아 공대 Sanders 교수 STEM교육전공 도입 ; 대학원생 Yakman STEAM용어 사용 2007년 연구교수 김진수 국내 도입 2011년 초중등 STEAM 교육정책 시행 2015년 교육과정 개정 2018년 융합교육과정 시행[23기]

모듈	과목	기준 단위	운영 단위	1학년		2학년		3학년	
				1학기	2학기	1학기	2학기	1학기	2학기
J	융합독서	5	3	3					
	융합독서/융합 교과 택1	5	3		3				
	융합교과/융합 프로젝트 택1	5	9			3	3	3	[3]

3. 민사고 융합교육의 정의
융합교육과정에서 융합독서 이후의 심화된 과정으로서, 두 개 이상의 학문(인문 사회, 자연과학, 예술 체육 등)의 지식과 연구 방법, 직관과 상상력을 활용–배양하여, 우리 삶과 현실에서 중요한 문제들을 발견 또는 해결하거나, 새롭고 창의적인 가치나 결과물을 만들어내는 교수 학습활동을 함으로써, 세상을 변화시키는 창의적 인재를 육성하는 교육이다.

	1. 융합 상상력 주제 소개
	교사 A(과학철학)
	교사 B(에너지, 자원, 환경 문제)
	교사 C(우주 생성에 관한 상상에 상상력을 더하다)
	교사 D(수학, 패턴인식)
	교사 E(현대미술과 물리)
	교사 F(수원화성의 과거, 현재, 미래)
	교사 G(뇌과학과 정치)
	교사 H(문학과 미술)
	교사 I(서화 예술과 도예의 인문학적 만남)

2. 지도 목표

1) 주제에서 주어진 과제를 해결하기 위해 사전에 배경지식을 검색하고 학문 간의 연결고리를 찾아내게 함으로써 자기 주도적 학습 능력을 기른다.

2) ppt 팀 발표를 통해 지식을 공유하게 하고 그룹별 심층 논의를 통해 해결책을 마련하게 한다.(발표력, 분석력, 개념 이해력, 글쓰기 능력 등 신장)

3) 하나의 융합 주제를 놓고 그 해결책을 마련하는 과정에서 다양한 성향을 가진 학생들로부터 나오는 창의적인 아이디어를 모아 해결 방안을 구체화시킨다.

전개 (2)

3. 수업 운영원칙

1) 3시간을 1차시로 묶는다.

2) 매 차시별로 하나의 주제 하에서 진행한다.

3) 미술작품 감상은 토의–발표형식으로 진행한다.

4) 읽기 자료를 사전에 배부하면서 차시예고 한다.

4. 평가기준: P/NC 평가함. 수행평가 100% [과제물(논술글) 60% +작품 감상 발표 40%]으로 평가한다. 100% 평가비율에서 60%를 넘겨야 pass 된다.

5. 교재: 미술과 물리의 만남 1권 (레오나드 쉴레인 저)

6. Weekly Plan: 3단위 주3시간(월2교시/화5교시/금7교시) 총원 11명[남 6명 / 여 5명]

Mon	W	Date	School Plans	단원명
2021 8		2–6		
	1	9–13	개학(13)	[전반]융상 OT / 1차시-고대–중세미술 개요
	2	16–20	융합프로젝트 대회(20)	2차시–현대물리 / 미술의 기원–논술글쓰기 강의

	3	23–27		3차시-인상주의(모네-쇠라-폴고갱-반고흐-마티스)작품감상 발표
9	4	31–3		3차 글쓰기 / 4차시-입체주의(피카소-칸딘스키-몬드리안-말레비치-자코메티)
	5	6–10	휴토[12]	4차시 발표/글쓰기
	6	13–17	귀가(17)	5차시-미래주의(발라-보치오니-뒤쌍) 작품 감상 발표
	7	20–24	추석연휴 귀교 (23)	
	8	27–1		5차시 글쓰기
10	9	4–8		요약정리
	10	11–15	3학년 수능모의(12)	중간고사
	11	18–22	1/2학년 중간 (14~20)	[후반]융상 OT/ 1차시-고대-중세미술 개요
	12	25–29		2차시-현대물리 / 미술의 기원-논술글쓰기 강의
11	13	1–5		3차시-인상주의(모네-쇠라-폴고갱-반고흐-마티스) 작품 감상 발표
	14	8–12		3차 글쓰기 / 4차시-입체주의(피카소-칸딘스키-몬드리안-말레비치-자코메티)
	15	15–19	대수능날[18]	4차시 발표/글쓰기
	16	22–26	1/2학년 학평 (24)	5차시-미래주의(발라-보치오니-뒤쌍) 작품 감상 발표
12	17	29–3	3학년기말 (29~3)	미래주의 융합 논술글쓰기
	18	6–10	1/2학년기말 (9~15)	
	19	13–17	3년 리더십 (6~17)	
	20	20–24		
	21	27–31	26기면접 [27–30]	

7. 차시별 강의 내용 설명

차시	강의 일정	시간	주제명	학습목표	수업 형태
1 차시	2월 1주	1교시	수업 오리엔테이션 고대 미술과 중세 미술		강의 토의

차시		교시	내용	학습 목표	방법
1 차시	2월 1주	1교시	고정된 원근법-절대적 정지 성과 속	– 미술과 물리의 세계에서 다루고 있는 개념들이 무엇인지 알아보고 그것들 이 어떻게 서로 불가분의 관계를 맺 고 있는지 고찰해 본다	강의 토의
		2교시	미술가와 과학자 / 합리-비합리성	– 이성이라는 도구로 그리스에서만 구 축된 시간과 공간의 개념을 살펴보고 공간. 시간 및 빛 들 사이의 상호작용 은 어떻게 이해했는지 알아본다.	
			현대미술의 기원 현대미술의 탄생 배경과 작품 감상 요약정리 및 논술글쓰기	– 유클리드기하학을 직관적으로 이해한 지오토의 원근법 도입을 알아본다. – 중세 기독교에 의해 파괴된 공간과 시 간개념, 그리스-로마미술의 파괴에 대 해 알아본다. – 사진술의 발명으로 중세 미술가들의 시공간 개념이 바뀌면서 현대미술이 탄생하는 배경을 조사해 본다.	
2 차시	2월 2주	1교시	아인슈타인 –빛 / 공간 / 시간	– 특수상대성이론에서 등장하는 시간 팽창과 길이 수축 현상을 이해한다.	강의 토의
		2교시	시공간 / 양-에너지	– 질량에너지 등가의 원리를 이해한다.	
		3교시	무게가 없는 형태들–중력	– 일반상대성이론을 이해한다.	
3 차시	2월 3주	1교시	야수파–빛–발표	– 야수파 화가들의 사물의 색에 대한 정신세계를 조사해 보고 그들의 작품 을 감상하면서 그들이 추구하는 색– 에너지를 특수상대성이론에 연결시켜 본다.	토론 발표
		2교시	작품감상 발표 (1)		
		3교시	작품감상 발표 (1)		
4 차시	2월 4주	1교시	야수파–빛–발표		
		2교시	야수파 논술글 쓰기 (1)		
		3교시	야수파 논술글 쓰기 (1)		
5 차시	3월 1주	1교시	입체주의(큐비즘)–발표	입체주의 화가들의 사물을 인식하는 정 신세계를 이해하고 그들의 작품을 통해 그들이 추구하는 작품세계를 특수상대 성이론과 연결시켜본다.	토론 발표
		2교시	입체주의(큐비즘) 작품감상		
		3교시	입체주의(큐비즘) 작품감상		
6차 시	3월 2주	1교시	입체주의(큐비즘) –종합정리		
		2교시	입체주의 논술글 쓰기 (1)		
		3교시	입체주의 논술글 쓰기 (2)		
7 차시	4월 1주	1교시	미래주의 – 공간	– 미래주의 화가들의 사물을 바라보는 정신세계를 이해하고 그들의 작품을 통해 그들이 추구하는 작품세계를 현 대 물리 개념으로 고찰해 본다.	토의 발표
		2교시	미래주의 작품 감상 발표 (1)		

		3교시	미래주의 작품 감상 발표 (2)		
8 차시	4월 2주	1교시	미래주의 종합정리	속독–정독–개요 쓰기–핵심 내용 정리– 서론–결론 순으로 논술글쓰기	
		2교시	미래주의 논술글쓰기 (1)		
		3교시	미래주의 논술글쓰기 (2) 완료제출		
계		25 시간			

[작품 속에 녹아있는 융합개념 찾기]

활동정리	[요약 논술글쓰기 요령] 일반 디베이트 논술과는 달리 책 내용을 정확하게 요약하여 정리하는 논술글이기 때문에 내용의 정확성이 제일 중요하다. 논술문장의 형태는 기승전결(서론–본론–결론)을 유지해야 하며 각 단락별로 맨 마지막 문장 끝에는 핵심 내용의 키워드를 붙인다. [서론]은 보통은 화제 도입하거나 이슈 제기하는 코너이다. 달리 설명하자면 본론에서 주장하고 싶은 내용을 왜 해야 하는지에 대한 당위성을 설명하는 곳이다. 주로 이슈가 제기된 당시 사회적 배경에서 찾으면 좋다. 서론의 마지막 문장의 형태를 '여기서는 ~에 대해 고찰해 본다. ~에 대해 알아본다.'의 형태로 문장을 끝내면 좋다. [서론: 핵심 내용 키워드] [본론]은 글의 핵심 내용을 정리하는 곳이다. 주장하는 것이 여러 개이면 본론도 [본론–1: 키워드], [본론–2: 키워드] 등으로 단락을 나누면 된다. [결론]은 일반적인 논문 형태로 쓰는 요약 정리하는 곳이 아니다. 보통은 본론 내용을 좀 더 다른 각도로 부연 설명할 것이 있으면 강조하면서 한 번 더 정리하면 좋다. 미래 지향적인 내용으로 마무리하면 좋다. [결론: 키워드] 끝으로 글의 제목은 있지만 그래도 내가 쓴 글이니까 제목 밑에 부제를 달아본다.
차시예고	고대 – 중세 미술 작품의 특징 이해 읽기 자료 및 관련 문헌검색 공부해오기

〈현대미술과 물리 수업 지도안〉

수업 지도안에도 나타나 있듯이 '현대미술과 물리' 수업은 똑같은 자연현상에 대해서 미술가와 물리학자들이 각자의 영역에서 어떻게 접근하여 이미지를 표현했는지 찾아가는 수업이다.

이 수업에서 융합요소가 되는 공간, 시간, 빛의 개념은 물리학에서는 어려운 개념으로 이론으로만 설명하면 추상적이 되어 전문가가 아닌 대중들은 이해하기가 쉽지 않다. 그러나 미술가들의 특별한 회화 언어를 통해 물리 개념을 쉽게 이해할 수 있다는 점을 수업의 핵심으로 삼았다. 이를 통해 다른 학문의 영역에서도 융합적 사고를 확장시켜 나가주기를 기대했다.

아인슈타인도 상대성 원리를 발표했지만 10년 이상의 세월이 가도 대중들이 이해하지 못한다는 것에 서글픈 심정을 토로했는데, 이것은 물리의 추상 개념을 설명해 주는 적절한 언어가 없었다는 것을 반증하기도 한다. 만약 아인슈타인이 미술가와 교류를 했더라면 그렇게 긴 시간을 허비하지 않았을지도 모른다.

미술과의 융합적 요소를 가미한 것은 학생들이 물리의 상대성 이론을 이해해야 하는데 이걸 극복하기가 쉽지 않다는 점에서 착안했다고 한다. 이 이론이 제대로 와닿지 않으면 현대미술 작품을 아무리 열심히 감상해 봐도 연결점을 찾기가 어렵다.

학생들은 레오나드 쉴레인의 『미술과 물리의 만남』이란 책을 읽고 활동을 진행했다. 학생들은 빛 중에서 푸른색 빛의 에너지가 가장 크다는 것이 발견된 이후 미술 작품들에서 푸른색을 힘의 상징으로 사용하기 시작하였고, 상대성 이론과 양자역학으로 인해 생긴 '불확실성'에 대한 인식이 예술가들로 하여금 형태에 초점을 두지 않고 대상의 기능적인 측면에 의미를 부여하는 입체주의적 사고를 했다는 것을 배우게 된다.

매 수업에 학생들은 책의 한 챕터에 대한 발표를 준비해 오며, 2주에 한 번씩 선생님께서 정해주신 주제에 맞게 3,000자 이상의 글을 쓴다. 학생 평가는 발표(40%), 논술글 작성(60%)으로 잡아서 발표를 위해 팀별로 현대미술 화가를 할당하고 그 화가의 대표 작품을 감상하되 물리와의 연관성을 찾게 하였다.

또한 모든 팀들이 서로 다른 화가의 작품을 감상하고 발표가 끝나면 모든 화가들의 미술 작품들에 대한 물리적 연관성을 요약 정리하는 논술글을 쓰게 하여 수업을 최종 마무리하는 형식으로 진행되었다. 학생은 모두 3편의 논술글을 쓰게 되는데, 담당 교사는 학생의 논술글에 대한 피드백을 일대일로 해준다. 논술 쓰기를 통해 학생들은 시간이 갈수록 성장해가는 모습을 보이게 된다.

결과적으로 현대미술과 물리 수업은 하나의 자연현상에 대해서 그 이치를 설명하는 방법이 하나만 존재하는 것이 아니라 서로 다른 학문의 영역에서도 설명이 가능함을 깨닫게 하는 것을 목표로 하고 있다. 이를 통해 학생들이 기존의 근시적인 안목에서 벗어나 사고할 수 있는 교육적 효과를 기대한다.

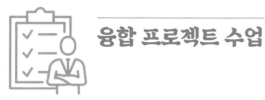

융합 프로젝트 수업

민사고 융합교육의 핵심은 융합 프로젝트라고 할 수 있다. 융합독서 및 융합 상상력 수업을 통해 융합에 대한 지식적, 사고적 기초를 쌓은 학생들은 2학년 및 3학년 때 2~7명이 팀을 구성하여 프로젝트를 기획한다. 인문계, 자연계, 국내 대학 진학을 목표로 하는 학생, 국제대학 진학을 목표로 하는 학생 등 다양한 성향과 진로 계획을 가진 학생들이 한 팀을 이루는 것을 선호하며, 탐구 주제도 실행 가능성, 발상의 참신성, 창의성 등을 기준으로 하여 선정한다.

이때 탐구 주제는 거시적인 사회 문제나 제도 문제도 되지만 많은 학생들이 자신이 살고 있는 환경과 생활 주변을 면밀히 관찰하여 실생활에서 해결해야 하는 중요한 문제를 찾는 데 많은 시간과 관심을 기울인다.

학생들은 자신들이 정한 주제를 바탕으로 하여 두 명의 서로 다른 과목의 교사에게 지도교사를 신청하는데, 탐구 주제에 대한 계획을 담은 제안서를 제출하고 지도교사와 면담을 한다.

1차 제안서를 바탕으로 학교에서 마련된 예산을 받는 팀과 못 받는 팀으로 나뉘게 되며, 200만 원 정도의 예산을 받는 팀은 이를 프로젝트에 어떻게 사용할 것인지에 대한 예산 계획안도 제출한다. 다음은 민사고에서 지금까지 행해졌던 융합 프로젝트 주제를 선별하여 정리해 놓은 것이다.

팀명	융합 프로젝트 주제
KASA	횡성 지역 대기질 연구를 위한 로켓 제작 및 측정
풍문으로 들었수	지역특성을 고려한 도시 냉방 시스템 구현: 안흥면을 중심으로
JMT	미세먼지 정화 식물의 근권 미생물을 이용한 미세먼지 유해 물질 분해
스포트라이트	쉬프트(Shift): 더 나은 민주 사회로의 도약
Earwig	집게벌레의 생활사를 이용한 박멸 방법
LEt's GO	레고 머신 프로그래밍을 통한 자동 의류 정돈 장치 개발
Stock-Watch	수학적 수익모델을 통한 주식시장 분석
푸른 초원	그림 같은 집을 짓고
앨리스	인터랙티브 소설
덧신	해외 뮤지컬의 주체적 수용을 통한 공연 대중화 실현
쿵쿵쾅	백색소음을 이용해 화장실 환기구를 통해 전달되는 층간 소음 해결
TMI	복약 순응도를 높이기 위한 큐레이션 시스템
22대 왕 정조	VR 캠퍼스
CSS	국가 간 상하관계에 대한 문제 분석 및 해결책
Mock 발	민사고 캠퍼스에 맞춘 목발 설계
SLIPPER	우주정거장 기지 건설 프로젝트

KoreaCorea	한국 문화 플랫폼 서비스
슈뢰딩거의 오리발	스포트라이트 아래의 과학사
민사 탈출 넘버원	MINSA Escape 민사고에 특화된 방탈출 게임
달무리	소사리에서 쏘아 올린 작은 공
동준이와 아이들	최상의 퀄리티를 자랑하는 학교 천연잔디구장 만들기
한지우	미국 문학에 반영된 역사적 배경 분석
KMLA 발명가	주변에서 사용하는 사물에 대한 통찰과 발명
22대 왕 정조	VR 캠퍼스 시즌2
ami-go	프랑스어와 스페인어 동시 학습을 통한 시너지 효과
ASMT	알아두면 쓸데 있는 민사고 TMI
Clypeus	민사고의 기후와 수질을 고려한 질병 예측 애플리케이션
Cook-is-try	분자미식학을 이용한 식습관 교정/개선 방법
Gen Z	Waiting for Gig: 긱 이코노미에 대한 교육적 접근
JOKER	사회적 요소를 고려한 영화 흥행 수준 예측 모델 제작 및 통계적 검증
Justitia(유스티티아)	문헌 분석 알고리즘을 이용한 형사사법제도 연구
Leaf Decomposer	낙엽 분해 미생물과 화학물질을 이용한 낙엽 분해제 제작과 이를 활용한 배수구 설계
Nature Almagest	도서 출판(민사고 생물도감, 천문학 도서, 지구과학 도서)
Noffee	발효시킨 커피 찌꺼기로 항생제 만들기
OTA(오타)	홍길동전을 중심으로 연구하는 텍스트 번역
Supercell	감쪽같은 세포
Troubleshooter	PPP(Prepare for Penalty Points!)
Ums Ums	민사고 내 음식물 쓰레기 자원화의 가치와 그를 위한 효과적 제염에 대한 연구
WB-K	KMLA 둘레길
김션	(교육 소외지역) 초등학생 대상 영어 교육 영상 제작
달무리	소사리에서 쏘아 올린 작은 공
덧신	〈뮤지컬, 자라나다: Les Misérables in 횡성〉

도토리 키재기	과학 사이트 제작
또바기	아동 심리 발달을 위한 보드게임 제작: 부모와 아이가 함께하는 놀이
LAMP(구 미정)	비교정치학 앱(또는 홈페이지) 만들기
민사 LAB	민사고 브이로그 제작
범담피	한국어 매뉴얼 제작
베일	꺾이지 않았던 날개들을 기억하며
융투브	유튜브 채널 〈혼끝식당〉
카르페디엠	KMLA 행복 여정
look at my eyes	교내 안전망 구축을 위한 CCTV 위치 선정
QR-ater	민사고 문화재의 보존과 형성 도모
VR Campus	VR 캠퍼스 시즌 3
WOBS	하울(賀鬱): 찬란한 당신의 물건을 팔아드립니다.
글벗도서관	운동장에 야외 도서관인 글벗도서관 설치
뉴로SCIEarth	접근성이 낮은 뇌과학의 대중화 실현
늘품누리	환경 보호를 위해 잔여 음료와 용기를 분리하는 분리수거 쓰레기통 개발
민사킬라	민사고에 출몰하는 곤충을 박멸하는 기계 설계
설레발	캄보디아 아이들을 위한 저렴한 신발 제작
수강신청 ㅎㅇㅌ	ENMAA(Efficient Non-Monetary Allocation Algorithm)
숨무	진경산수화에 대한 과학적 접근을 통한 대한민국의 환경과 산수 변화에 대한 연구
촛불	민사고 역사 아카이브
캐스팅보트	투표를 디자인하다
프랙탈	코로나19를 주제로 한 온, 오프라인 전시 진행
프리메이슨	효과적인 자습을 할 수 있는 방안 탐구
Hell Mate	안전성, 경제성, 실용성을 겸비한 새로운 헬멧 설계하기
분자 미식가	잉크에 빠진 분자 미식회
짐캐리(jim carry)	계단 이동식 카트
카드토론	카드 토론

ADD	민사고 주변 동/식물이 최근 기온 변화로 인한 변화 측정
DukGO	민족사관고등학교 IoT 서비스 구축(DukGO 2.0)
MINSA.CO	민사고 다이어리: 미니어리(MINIARY)
나로 NARO	Universal Fashion for the Empowerment
티키타카	식물의 타감 작용과 갑각류의 키틴을 활용한 친환경적 농약 제조
여백의 미	그짓말(그대의 짓밟힌 수강신청을 말끔하게)
클린엑스	민사고 Huge 재개발
통과	민사고 퓨리케어 시스템 설계
민사 대동여지도	민사 대동여지도
재영이가 만든 체리 맛 올리브유	CONNECT
장발장	여름철 습기 방지 신발장
Deep Learners	머신 러닝을 통한 사회 문제 해결
unlegged	민사고 내 전동 휠체어를 위한 인프라 마련
ZODIAC	CONNECTING STARS
EnCycle	갑각류 외피 추출물로 제작된 환경 친화적 마스크 브랜드
언.군.싹	코로나, 너네 나 못 이겨
Artivists	Memorable
Crackers	코로나19 방역에 사용되는 교내 일회용 비닐장갑 업사이클링
One Desk Fits All	사용자의 키에 따라서 자동으로 높이를 조절하는 책상
O2	FOFU(Filter Only For yoU)
민사토이	본교 한옥 나무 조립장난감
약국	민사고 내 의약품 거래 및 교환 시스템 구축
INSAM03	INternational Students' Achievement Map(INSAM)
촛불	蘇史(소사: 되살아날 소, 역사 사) 민사고 역사 아카이브 시즌 2
팀 디딤돌	장애인 및 노인 대상 봉사의 대중화와 인식 개선 프로젝트

〈민사고 융합 프로젝트 주제〉

학생들은 프로젝트 수행에 대한 활동 일지 등을 담은 연구 노트를 작성한다. 이를 중간 보고서로 제출하고, 학기 말에는 프로젝트 결과를 담은 최종 보고서를 제출한다.

최종 보고서뿐 아니라 융합 프로젝트 포스터도 만들고, 다른 학생들과 교사들을 대상으로 발표 대회를 연다. 그리고 포스터, 발표, 서류 심사 그리고 학생 설문평가를 반영하여 학기말에 시상을 한다. 융합 프로젝트 발표회는 학기마다 개최하며, 제5회 융합 프로젝트 발표회가 2022년 2월에 진행되었다.

한 학기마다 새로운 융합 프로젝트가 시작되지만, 이전 프로젝트를 마무리하기 위해 다음 학기도 똑같은 프로젝트를 진행하는 것도 가능하다. 팀 구성원은 명시적으로 제한하진 않았으나, 융합 프로젝트라는 융합 교과의 취지를 보았을 때 최소 3명 정도 필요하다는 것이 대다수 재학생의 의견이다.

다음은 프로젝트 심사를 위해 학교에서 만든 평가 지표다.

관점	평가 세부기준
문제 제기 및 해결	• 의미 있는 문제를 제기했는가?(문제 발견력: 논리성, 사회연관성 포함) • 이 프로젝트는 동기(motivation)가 되는 (사회적으로) 제기된 문제에 대해 독창적이고 구체적인 해결 방안을 제시하고 있는가?
창의성	• 이 프로젝트는 얼마나 기발하고 엉뚱하고 무모한가? • 이 프로젝트는 세상에 없는 새로운 아이디어를 창출하고 있는가?
문·이과 연계성	• 이 프로젝트는 문·이과 연계 및 융합을 시도했는가? • 이 프로젝트는 문·이과를 넘어 다양한 분야의 관심들이 함께 어우러지는 융합을 추구했는가?

실생활 활용도	• 이 프로젝트는 실생활에 바로 활용 가능한가? • 이 프로젝트가 활용되었을 때 발생하는 기대 효과가 있는가? 있다면 얼마 나 큰가?
발전 가능성	• 이 프로젝트는 일회적인 것이 아니라 잠재적 발전 가능성을 가진 것인가?
협업	• 이 프로젝트는 민사고 내부 기관 및 구성원들과의 협업을 구현하였는가? • 이 프로젝트는 제기된 문제를 해결하기 위해 방안으로 외부 자원 및 단체 와 협업(적어도 시도)을 하였는가?
확장성	• 이 프로젝트가 사회적인 확장성을 가지고 있는가?(사회에 기여할 수 있는 부분 이 있는가?) • 이 프로젝트가 사회에서 실제로 사용할 수 있는 활용도를 갖추고 있는가? • 이 프로젝트는 학교 밖 사회와 소통하고 있는가?(홍보/기여)
완성도	• 이 프로젝트가 세운 목표를 성취하기 위한 준비 작업으로 충분한 자료조 사가 충실이 이루어졌는가? • 이 프로젝트는 프로젝트가 추구하는 목표에 부합하는 결과를 산출해 내었 는가?
비용 관리	• 이 프로젝트는 예산을 어떻게 구성하는가? • 이 프로젝트는 예산을 계획한 대로 짜임새 있게 운용하였는가?
상상력	• 이 프로젝트는 제기한 문제의 해결을 위해 얼마나 창의적인 방법을 동원 하고 있는가? • 이 프로젝트의 결과물은 기존의 틀을 뛰어넘는 사고를 통해 구현되었는 가?
도전 정신	• 이 프로젝트를 진행하는 과정에서 만난 실수와 실패의 경험을 자신의 것 으로 만드는 배움을 얻었는가?
메타인지	• 구성원 스스로 두 가지 혹은 세 가지 정도의 평가 기준을 만들어서 자신의 프로젝트를 평가해 보라(자신을 객관적으로 볼 수 있는 능력이 있는가).

	초기 계획 및 예산 결정하는 발표 때 점검해야 하는 사항
	마지막 결과 발표 때 점검해야 하는 사항 (앞에 평가 기준까지 포괄함)

〈융합 프로젝트 평가 지표〉

융합 프로젝트 수업을 통해 학생들은 프로젝트 수행 능력을 키울 수 있고, 팀별 활동을 통해 다른 사람들과 소통하고 협력하고 배려하는 법과 올바른 경쟁에 대해 배울 수 있어 인성교육에도 좋은 효과가 있다.

융합 프로젝트를 열심히 할 수 있었던 동기가 무엇이었냐는 질문에 많은 학생들이 친구들과 의미 있는 프로젝트에 몰두하면서 평생을 이어갈 우정과 관계를 쌓을 수 있어 좋았다고 답했다. 이러한 무형적인 가치야말로 민사고의 융합교육과정이 학생들에게 선사해 준 가장 큰 선물이자 역량(capability)라고 할 수 있다.

다음 장부터는 민사고 학생들이 실제로 쓴 보고서와 학생들이 행한 인터뷰 그리고 민사고에서 행해진 다양한 융합 프로젝트 사례를 통해 융합교육에 대해 더 깊이 있게 고찰해 보도록 하겠다.

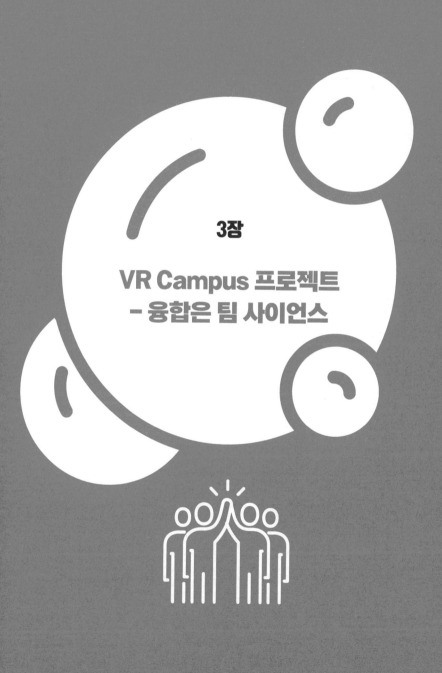

3장

VR Campus 프로젝트
- 융합은 팀 사이언스

VR Campus 프로젝트 소개

VR Campus 프로젝트는 이름에서 알 수 있듯이 민사고의 캠퍼스를 가상현실(Virtual Reality)로 구현해 온라인 플랫폼을 만든 민사고 융합 프로젝트팀이다. 프로젝트를 함께한 5명의 팀원은 계열과 전공은 다르지만 학교의 지리와 역사에 흥미를 가지고 있었고, 캠퍼스의 모습을 사진이나 동영상으로 남기고 싶다는 공통의 관심사를 가지고 있어 팀을 꾸리게 되었다.

다양한 배경의 5명의 학생들은 초기 프로젝트 구상 단계에서 열띤 토론을 통해 코로나로 인한 비대면 시대에 민사고를 직접 방문하지 않아도 온라인에 꾸려진 가상현실 공간에서 민사고를 체험할 수 있게 하자고 뜻을 모았다. 이러한 가상현실 공간을 통해 외부인들이 민사고에 대해 좀 더 자세히 알게 하고, 특히 신입생들이 학교에 입학하기 전 미리 학교 공간에 익숙해질 수 있는 기회를 부여하자는 목표를 세웠다.

무엇보다 민사고를 둘러싸고 있는 자연 생태계를 가상현실 기술을 활용해 기록으로 남기고 학교 생태계에 대한 정보를 체계적으로 구성하는 것이야말로 학교의 정체성을 보존하는 중요한 작업이라고 생각했다.

강원도 횡성에 위치한 민사고는 38만 5천 평이나 되는 학교 부지중에 건물이나 운동장 등으로 실제 사용되는 면적을 제외한 대부분의 땅은 모두 산과 들, 자연 그 자체이다. VR Campus 팀은 이러한 내부 생태계를 포함하는 민사고의 자연이야말로 학교의 정체성이자 다른 학교와 구분되는 특색이라고 보았다.

팀원들은 학교에서 수업이 이루어지는 건물(다산관, 충무관, 민교관 등)과 학생들이 생활하는 기숙사를 비롯해 뒷산 생태계를 360도 카메라를 활용해 촬영하고, 이를 다양한 3D 기술을 활용해 VR 콘텐츠로 만들어서 온라인 플랫폼에 업로드하였다.

단순히 학교 안을 3D로 보여주는 것뿐만 아니라 스스로 만든 BGM, 길 찾기 기능, 비대면 수업과의 연계 등을 통해 VR Campus가 학생들의 학업 및 생활 곳곳에 적용될 수 있도록 활용도를 높인 것도 특징이라 할 수 있다.

이렇게 VR Campus가 수준 높은 기술을 적용해 다채로운 기능을 선보일 수 있었던 까닭은 팀원들이 학내 다른 프로젝트 팀과의 협업

및 학교 선배들을 비롯한 외부 전문가들과 적극적으로 소통하고 협업
하는 가운데 열린 사고를 할 수 있었기 때문이다.

프로젝트 진행 과정

프로젝트에 대한 계획은 학교 초기부터 세계사를 가르치던 독일인 간
제 선생님을 프로젝트의 지도교사로 두면서 더욱 구체화되었다. 지도
교사인 간제 선생님은 10여 년 전부터 학교 뒷산을 돌아다니며 생태
계 연구를 진행했는데, 주요 관찰 지점(Observation Point)을 지정하고,

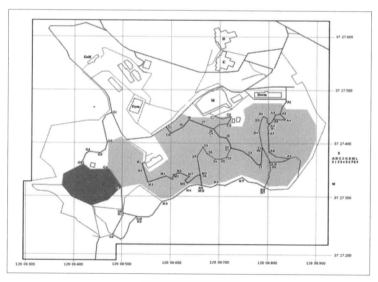

〈생태학적 중요 관찰 지점〉

GLPS[1] 및 각종 생태학 탐구를 학생들과 해왔다.

VR Campus 팀은 지도교사와 뒷산을 같이 탐사하면서 이미 정해진 관찰 지점뿐 아니라 새로운 탐구 지점들을 선정하고, 각 지점마다 중요한 생태학적 탐구 주제를 선정했다. 이를 위해 두 명의 학생이 생태학(Ecology) 논문과 책을 찾아보고, 영어로 된 자료들을 조사하고 번역하는 역할을 담당했다.

VR Campus: Table of Points on the GLPS Trails			
A1	Seep	E9	Betula dahurica
A2	Roadside Weeds	E10	Spur, Animal Trail
A3	Willows	E11	Rhododendron
A4	Rosa multiflora	G1	Lindera obtusiloba
A5	Landscape Archaeology: Historic Fields	G2	Minjok Taehakro
A6	Landscape Archaeology	G3	Landscape Archaeology
A7	Robinia pseudoacacia	G4	Dirt Road, Erosion
A8	Prunus sargentii	G5	Logging Residue and Deer Trails
A9	Quercus mongolica	G6	Celastrus orbiculatus
A10	Hydrology	G7	KMLA Waterworks
B1	Soil Retreat	G8	Larix kaempferi
B2	Soil Retreat	G9	Boulder Wall
B3	View at Dormitory	G10	Hollow Tree, Populus tomentiglandulosa

---

1   Global Leadership Program for Students. 민사고에서 주관하여 진행되는 20박 21일 리더십 영어 캠프로 민사고 내의 여러 장소에서 수업을 받게 된다.

B4	Degree of Interference	K1	
B5	Forest Drainage	K2	Cow Pass
B6	Pinus rigida	K3	Erosion and Colonization
B7	Pinus rigida	K4	Lithophytes
C1	Saddle	K5	Lithophytes
C2	Saddle	K6	KMLA Observatory
C3	Slope behind Mingyogwan	K7	
C4	GLPS Pondscape	K8	Pinus koraiensis, Pinus densiflora
D1	Schisandra chinensis	M1	Dirt Road, Erosion
D2	Rope Slope	M2	Logging Residue and Deer Trails
D3	Rope Slope	M3	Corylus heterophylla
D4	Headwater	M4	Corylus heterophylla
D5	Headwater	M5	Mountain Ridge
D6	Source	M6	Lonicera praeflorens
D7	Lepus koreanus habitat	M7	Aconitum longecassidatum
D8	Forest Climate	M8	Spring Ephemerals
E1	Reforestation Terrace	M9	Storm / Snow Damage
E2	Castanea crenata	M10	Cornus controversa
E3	Castanea crenata	O1	Alnus hirsuta
E4	Ferns	O2	Sciophytes
E5	Snags	O3	Rubus crataegifolius
E6	Vines	O4	Historic Pasture
E7	Subsurface Flow, Gully Formation	O5	Rodentorium
E8	Cow Road	O6	Dendrotelm

〈각 관찰 지점의 주요 탐구 주제〉

이론적 배경 습득과 자료 조사가 어느 정도 완성된 다음에 학생들은 8월부터 12월까지 민사고 캠퍼스 전역과 뒷산의 여름, 가을, 겨울의 모습을 360도 카메라로 찍어서 VR Composite 과정을 통해 스트리트 뷰(Street View) 형식으로 만들었다. 찍은 사진을 대략적으로 위치와 건물별로 정리한 뒤 카메라의 GPS 기능을 사용해서 사진이 찍힌 위치 데이터를 계산하여 스트리트 뷰처럼 클릭을 통해 사진을 연속적으로 볼 수 있도록 하였다.

또한 완성도를 높이기 위해 드론을 사용한 항공 사진이 필수적이라 생각하여, 과거 드론 사진 촬영을 한 바 있는 선배의 조언을 받아 약 680m 상공에서 나무의 색 변화에 초점을 맞춰서 촬영을 하였다.

〈학교 천문대에서의 겨울 촬영〉

이 과정에서 학교의 생태서식공간(biotope)의 특징, 자생종 나무와 외래종의 경쟁과 공생, 그 나무들을 이용해 서식하는 야생동물의 특징을 탐구하였고, 탐사 중 두더지 굴이나 새집, 하늘다람쥐 서식지나 삶의 흔적 등을 발견하기도 하였다. 학교의 자연과 생태, 지리적 정보를 정리하여 제작한 생태 데이터베이스는 학생들이 쉽게 접근할 수 있도록 VR Campus 프로그램에 넣어 놓았다.

VR Campus는 사용자가 지도상의 특정 지점을 클릭하면 그 지점의 360도 사진을 둘러볼 수 있고, 이어서 특정 아이콘을 클릭하면 그 지점의 탐구 주제에 관한 사진과 한글/영어 설명을 볼 수 있도록 하였다. 완성된 프로젝트는 구글 VR 카드보드만 있으면 고가의 장비 필요 없이 누구나 체험할 수 있다.

하지만 학생들은 이러한 스트리트 뷰 작업이 민사고에 서식하고 있는 야생동물의 생활과 공간을 방해할 수도 있다는 우려가 있어, 기존

〈멧토끼 서식지인 D3 지역의 뷰와 설명〉

계획보다 숲속에서 찍은 사진의 간격을 더 늘렸다. 한편 야생동물의 서식지를 지도에 표시하여 학교 뒷산의 생태적 가치를 홍보하려는 계획에서 서식지를 지도에 표시하지 않기로 하였다고 한다.

VR Campus 안에는 학교의 자연 생태계뿐만 아니라 학생들이 생활하는 기숙사, 교실 및 복도도 담겨 있는데 캠프 및 외부인 방문 시 동선을 고려하여 스트리트 뷰로 구현하였다. 이를 위해서 3D 공간을 일반 지도처럼 평면화하여 해석하는 Tourmake 기술을 활용하였다. 또한 실내에서 입체감 있는 구조를 표현하기 위해 Matterport로 방의 구조물을 스캔하여 방의 구조를 입체적으로 가상공간에서 재현한 뒤, 각 가상 표면마다 그에 상응하는 사진의 조각을 대응시키는 방식으로 360도 VR을 구현하였다. 즉 3D의 효과를 주는 2.5D가 아니라 실제로 3D 기술을 사용한 것이다.

민사고의 캠퍼스는 워낙 넓고 경로가 복잡하여 쉬는 시간에 다음

〈Matterport 기술을 활용한 기숙사 방의 구현〉

교실로 넘어갈 때 시간이 빠듯하여 최단 경로로 이동해야 한다. 그런데 교실위치도 모르는 신입생들이 최단 경로는 더더욱 알 리가 없었다. 그래서 프로젝트의 원래 목적이었던 내비게이션의 역할을 해주기 위해 팀원들은 A-star 알고리즘 같은 Path Finding Algorithm을 연구하여, 출발 지점과 도착 지점과의 가장 빠른 거리를 지도에 시각화하여 찾을 수 있게 하였다.

코로나로 인해 등교 수업이 중지되고 집으로 돌아간 상황에서 VR Campus는 더 적극적으로 활용되었다. 등교 중지 기간 동안 매시간 학생들은 각 선생님의 개인 수업 링크에 접속하여 비대면 수업을 받았는데, VR Campus에서 각 선생님의 오피스 앞에 Zoom 링크를 게

〈VR Campus를 이용한 최단 거리 찾기〉

시하여 학생들이 실제 학교에 간 것처럼 느끼게 했다. VR Campus를 활용해 학생들이 등하교 하는 느낌을 받게 하고 재미있고 간편하게 화상수업을 할 수 있게 했다. 또한 신입생들의 경우 입학 후 얼마 되지 않아 비대면 수업으로 전환되어 민사고 내부 시설이 익숙지 않았는데, VR Campus를 통해 교사 오피스를 찾거나 학교 이곳저곳을 둘러보며 학교에 소속감을 가질 수 있었다.

〈VR Campus와 지구과학 비대면 수업 응용 사례〉

★

팀원들과의 인터뷰

Q. 프로젝트 팀은 어떻게 구성하게 되었나요?

아무래도 융합 프로젝트니까 최대한 다양한 계열의 친구들이 모여 팀을 꾸려야겠다고 생각했다. 처음에 팀에 합류한 친구는 아이디어가 많은 친구라서 같이했다. 그다음으로 어떤 프로젝트를 해도 프로그래머나 컴퓨터 필요해서 컴퓨터를 할 줄 아는 친구가 필요하다고 생각해서 이과에서 컴퓨터를 잘 다루는 친구를, 글을 잘 쓰는 문과 친구도 있어야겠다 싶어 다음 사람을 데려왔다. 이렇게 4명으로 하려다가 마지막에 카메라 다루고 영상 편집할 친구가 필요해서 5명으로 팀을 이루게 되었다.

Q. 프로젝트 주제는 어떻게 선정하였나요?

처음부터 VR을 주제로 하지 않았다. 여러 가지 아이디어들을 논의했고, 교육용 인강을 인터넷 공간에서 해보자는 생각도 있었다. 교육용 플랫폼 만들어서 KMOOC처럼 온라인으로 하자고 했다가 민사고 교정을 구글맵처럼 찍자는 아이디어로 발전해 캠퍼스를 VR로 구현하게 되었다

Q. 지도교사는 어떻게 정했나요?

간제 선생님은 학교에 오랫동안 계셔 학교 생태계를 잘 아셔서 부탁을 드렸다. 외국인 선생님이라 자율적인 권한을 많이 주실 거란 생각도 했다. 처음에는 학교 캠퍼스의 충무관, 다산관 등 건물 위주로 찍겠다고 했는데 간제 선생님께서 생태적 요소가 고려되면 좋겠다고 하셔서 생태적 요소를 많이 추가했다. 학교 캠퍼스 소개였던 게 뒷산 탐방, 생태계 탐방까지 하게 되면서 스케일이 커졌다.

Q. 진행 과정에서 갈등은 없었나요?

구성원끼리 갈등은 거의 없었다. 갈등이라 해봤자 프로젝트가 무엇을 향해 갈 것인가, 프로젝트가 무엇을 더 중점적으로 해야 하는가에 대한 의견 충돌이었지 갈등이라고는 할 수 없다. 역할 분담이라든지 무임승차한다든지 이런 갈등도 없었다. 각자 잘할 수 있는 것이 확실해서 각자 일에 집중했다. 다른 팀원의 일에 관심을 가지되 간섭하지는 않았다.

지도교사와는 예산안을 짜는 부분에서 조금의 갈등은 있었다. 간제 선생님을 지도교사로 모시면서 외국인 선생님이라 학생들의 자율권을 존중해 학교 측에 의견 전달할 때 우리 편을 들어주실 걸 내심 기대했다. 그런데 선생님께서는 객관적으로 프로젝트를 바라보셨다. 예컨대 우리가 예산안을 넉넉하게 쓸 때 왜 이렇게 돈을 낭비하느냐며 너희 프로젝트와 어울리지 않는다고 따끔하게 조언을 하셨다. 돌이켜보니 선생님의 깐깐한 지적 덕분에 예산안을 신중히 짜게 된 것 같다. 몽상에 불과하던 계획이 선생님의 피드백 덕분에 더 구체적인 방안으로 발전되었다.

무엇보다 간제 선생님은 계속 질문하고 어떻게 할 건지 활동에 대해 관심을 보이고 애정으로 계속 채찍질해 주신 분이셨다. 다른 팀을 보면 선생님께서 관심을 가져도 학생 측에서 귀 닫고 가는 경우도 간혹 있었다. 무관심, 과한 관심 둘 다 안 좋지만 그래도 기왕이면 무관심보다는 과한 관심이 나은 것 같다.

Q. 프로젝트가 성공한 이유를 무엇이라 생각하나요?

프로젝트의 슬로건이 "민사고라서 가능한, 민사고만 가능한"이었다. 다른 학교, 다른 시기에도 할 수 있는 프로젝트가 아니라 민사고 학생들만 할 수 있는, 민사고라는 학교가 가지고 있는 특별한 점이 있기 때문에 할 수 있는 차별화된 프로젝트를 만들고자 했다. 이런 특성(originality)이 차별점이 되었고 이 프로젝트는 우리만 할 수 있는 것이라는 자긍심을 갖게 되었다.

Q. 대학 입시에 프로젝트가 도움이 되었나요?

솔직히 이 질문에 대한 답변은 실적으로 증명됐다고 생각한다. 우리 중 두 명은 아이비리그 대학에 진학했고, 한 명은 옥스퍼드 대학, 그리고 다른 한 명은 서울대에 들어갔다. 우리 팀원 대부분이 프로젝트 경험을 자기소개서에 썼다. 생활기록부에 기록된 수상 실적과 지도교사가 써준 세특(교과 세부능력 및 특기사항)도 도움이 많이 되었다. 특히 외국 대학 입시에서 인터뷰할 때 프로젝트에 대한 질문을 많이 받았다. 면접관들이 VR Campus 프로젝트 경험을 흥미롭게 바라본 것 같다.

Q. 프로젝트를 열심히 하게 된 동기는 무엇이었나요?

첫 번째는 학교에 도움이 되고 스스로도 뿌듯한 결과를 만들 수 있다는 생각에 열심히 했다. 두 번째는 생활기록부라든지 커리어 관련 인센티브였던 것 같다. 세 번째가 가장 중요했는데 친구들과의 관계가 영향이 컸다. 물론 개인적인 뿌듯함, 생기부상 이점, 수상 욕심도 동기부여가 되었지만, 그것만으로는 밤을 새워서 영상 편집을 하고 사진을 찍고 프로그램을 짜는 등의 활동을 수업 외 시간에 못 했을 것 같다. 친구들과 같이 프로젝트를 하는 게 함께 노는 기분이 들었다. 그래서 더 열심히 할 수 있었다.

프로젝트 과정을 통해 어떤 일을 열심히 하려면 세 개가 잘 맞물려야 된다는 것을 알았다. 일단 마음에 드는 아이디어여야 하고, 같이하는 사람과 소통이 잘돼야 하고, 같이하는 사람들이 그 분야에 지식이 있어야 프로젝트에 대한 열정이 생긴다는 것이다. 잠이 많아 시험기간에 아무리 할 게 많아도 잠을 자야 하는 편인데 프로젝트 할 때에는 밤을 새우는 일이 많았는데도 힘들기보다는 노는 기분이어서 더 열심히 했다.

Q. 프로젝트를 하면서 '융합'에 대해 무엇을 배웠나요?

융합을 어떻게 정의하냐에 따라 우리가 하는 프로젝트가 융합이 아닐 수도 있다는 생각을 했다. 나는 마케팅이나 예산에는 관여도 하지 않고, 사진 찍고 지도를 만들어 인터넷에 올리기만 했는데, 이게 과연 융합인가라는 질문을 스스로에게 많이 했다.

지나고 보니 다양한 계열 학생들이 모여서 얘기하고 프로젝트를 한다는 것 자체가 융합이었던 것 같다. 어떤 스킬이나 능력을 가지고 있느냐가 중요한 게 아니라 각자 분야에서 다 다르게 가진 가치관, 지식, 경험들을 공유하는 과정이 중요하다는 것을 알게 되었다. 그 공유

과정에서 새로운 아이디어가 나올 수 있었다.

융합이 단순히 생물, 과학, 미술 지식이나 기술을 끼워 넣는 게 아니라, 물론 그런 것도 있지만, 더 중요한 건 서로 다른 사람들이 모여서 소통하면서 새로운 아이디어 만드는 거라고 생각했다.

다양한 분야의 사람이 모이는 게 좋다고 무한정 인원을 늘리는 것이 효율적인 것은 아니다. 사람 많아지면 팀원 간 시너지, 팀워크가 반비례해서 줄어들 수 있어서 5~6인이 융합 프로젝트를 하기에 가장 이상적인 인원인 것 같다. 그리고 이 분야 저 분야 딱딱 끊어서 미술이면 미술, 프로그램이면 프로그램 이렇게 자르려고 했는데, 어느 순간 인위적으로 섞기보다 자연스럽게 각자 아는 것과 경험을 어우르는 것이 자연스러운 융합 과정이라는 것을 느꼈다.

★
지도교사 인터뷰

Q. 팀이 선생님을 찾아온 이유는 무엇이라고 생각하시나요?

2019년 가을 학기에 이 팀이 찾아왔는데 선생님들 중에서 내가 민사고 캠퍼스를 가장 잘 알 것이라고 생각했기 때문이 아닐까 싶다. 그리고 VR Campus 멤버인 한 학생이 저에게 추천서를 부탁한 상태였던 것도 하나의 이유였던 것 같다.

Q. 선생님은 프로젝트에서 어떤 자세로 임하셨나요?

학생들의 프로젝트에 개입(Intervention)하지 않았다. 그들을 도울(Guidance) 뿐이다. 구체적인 도움은 팀의 성향과 주제에 따라 달라진다. VR Campus는 프로젝트 계획을 잘 짰고, 개인 역량을 고려해서 팀을 구성했기 때문에 지도교사의 도움을 많이 필요로 하지 않았다.

Q. 이 프로젝트가 성공적으로 끝났다고 생각하나요?

나는 성공을 발표 대회의 결과가 아닌, 프로젝트를 통해 학생들이 얻어 갈 수 있었던 경험의 양으로 본다. 그런 맥락에서 이 팀의 학생들이 성공을 거두었다는 것은 확실하다. 다만 내가 컴퓨터를 다루는 부분에 대해서 잘 몰라 학생들에게 그 부분은 도움을 주지 못했기 때문에 결과의 완성도를 판단하기 부족하다. 그러나 산의 길들과 생태학적 설명과 관련된 부분에는 도움을 주었다.

Q. 팀을 구성할 때에 가장 중요한 점은 무엇이라고 생각하시나요?

첫 번째, 팀 멤버들과의 좋은 관계다. 두 번째, 이루고자 하는 의지다. 모든 팀 멤버가 프로젝트를 온전히 이해하고 중요하게 생각하며 필요하다면 추가적인 시간과 어쩌면 돈까지 쓰고자 하는 의지가 필요하다. 세 번째, 실행에 옮기기 전에 프로젝트에 대해서 충분히 많이 생각하고 팀 내에서 구체적으로 상의해야 한다. 지도교사와 의논이 이루어지면 가장 좋다.

Q. 프로젝트 진행 과정에서 갈등이 있었나요?

예산 관련해서 좀 있었다. 코로나가 시작된 첫 학기였는데, 학기 막바지에 가서 학생들이 남은 예산을 다 쓰고 싶어 했다. 팀 멤버 중 한 명이 기말고사 직전에 음악 키보드를 사는 데에 돈을 쓰려고 했다. 마지못해 알겠다고 했지만, 팀이 구매한 모든 물건은 학교 소유로 남아 있어야 한다고 말했다.

Q. 이 팀이 가장 집중했던 점은 무엇이었나요?

VR Campus 사이트를 만들고 잘 작동되도록 하는 데 가장 많은 시간을 쏟았다.

Q. 융합 프로젝트 활동에 선생님은 어느 정도 도움을 주었나요?

처음에 VR 투어를 제공하고 싶다고 했을 때, 산속의 길도 포함하고 싶은지 물어봤다. 그들은 이 제안을 받아들였고, GLPS 캠프를 위해 만들었던 민사고 숲길 지도를 주었다. 숲길의 정거장 각각에 들어갈 추가적인 생태학적인 정보를 요청했고, 이것도 제공했다.

Q. 프로젝트가 '융합'이라는 테마에 어느 정도 부합한다고 생각하나요?

처음 학교가 융합 프로젝트를 기획했을 때, 프로젝트 아이디어는 각각 수업에서 배우는 2개 이상의 분야를 아우르는 것이었다. 그래서 팀당 지도교사가 두 명인 것이기도 하다. VR Campus는 컴퓨터 프로그래밍과 영상 촬영, 그리고 지역의 지리와 생태학을 적용했다.

Q. 지도교사로서 학생들에게 바라는 점은 무엇인가요?

전반적으로(거의 모든 팀에 해당됨) 실행으로 옮기기 전에 지도교사 선생님과 상의해 보는 것이 좋다. 팀 자체적으로 어떤 물건이 필요하고, 어떤 자료가 필요한지 등 대략적인 생각은 가지고 있지만 선생님의 가이드를 받으면 더욱 정교하고 설득력 있는 일을 할 수 있다.

Q. 융합 프로젝트에서 개선할 점은 무엇이라고 생각하나요?

먼저 제안서 제출 기한과 발표회를 앞당기는 것을 제안한다. 내가 지도하는 몇몇 팀은 생태학 프로젝트를 진행하는데, 이들의 프로젝트가 승인되고 예산이 지원되고 필요한 물건을 구매했을 때에는 이미 식물들이 자라는 시기가 끝난다. 또 가을에 있는 현상들을 관찰하려면 1년을 기다려야 하고, 그때는 발표회가 이미 끝나 있다.

그리고 여태까지 융합 프로젝트 팀들이 많은 물건들을 구매했다. 프로젝트가 끝나면 이 물건들은 다른 팀들이 쓸 수 있도록 학교로 반납하고, 학교 측에서 이를 관리하는 누군가가 있어야 한다.

그리고 학생들이 제안서를 제출하기 일주일 전에 지도교사에게 "본인은 팀의 프로젝트에 대해서 충분한 계획 설명을 들었고, 그에 상응하는 정도의 실질적 조언을 주었습니다."를 입증하는 사인을 받아야 한다고 생각한다. 많은 팀들이 마감날에 찾아와 "저희 지도교사 해 주실 수 있나요?", "해주신다고요?", "감사합니다. 다음 학기에 봬요."라고 한다.

VR Campus 프로젝트로 본 융합교육

"융합은 팀 사이언스(Team Science)다!"

민사고에서 이루어지는 다양한 프로젝트 활동 중 VR Campus 프로젝트야말로 융합의 과정에서 협업이 얼마나 중요한지를 보여준다고 할 수 있다. 협업은 좀 더 거창하게는 팀 사이언스(Team Science)라고 표현할 수 있겠는데, 이에는 팀 티칭 및 계획(Team-teaching and planning), 협동적 학습(Collaborative learning), 학습 공동체(Learning communities)와 같은 요소가 포함된다.[2]

유명한 발달 심리학자 장 피아제(Jean Piaget)의 영향을 받은 구성주의 교육학(Constructivist Pedagogy)에 따르면, 학생은 스스로 새로운 정보를 발견하고 변형할 수 있는 능동적인 존재이다. 따라서 구성주의 교육학은 학생들이 새로운 것을 만들고(make), 세우는(build) 과정을 통해 스스로의 사고와 학습 과정을 성찰하는 것을 학습을 위한 핵심 과정으로 본다. 따라서 융합교육에서 팀 티칭 등을 활용하여 학생 지도 및 교수법이 좀 더 통합적으로 변해 갈 때 교육과정도 좀 더 구성주의적으로 변모해 갈 수 있는 것이다.

학생들은 실생활과 연관된 주제 기반 프로젝트를 하면서 문제를 해

---

2   Klein, Julie T. (2006). A Platform for a Shared Discourse of Interdisciplinary Education. In: JSSE-Journal of Social Science Education, vol. 5 (4), 10-18. Available at: http://digitalcommons.wayne.edu/englishfrp/3

결하고자 스스로 모형을 만들어 보고, 시험해 보고, 다시 정교하게 고쳐 보는 과정을 반복하게 된다. 이를 통해 단순히 내용을 흡수하고 사용하는 것을 넘어서 학생들은 개인적으로 의미 있는 생산을 하게 되고, 그 과정을 통해 자신의 주체성과 창조성을 발현하게 된다. 이런 의미에서 융합교육의 의의는 학생들로 하여금 기존의 지식 습득 교육의 폐해를 벗어나 스스로 무언가를 창조해 볼 수 있게 격려하고 이에 알맞은 교육적 환경을 만들어 주는 데 있다.

이러한 교육과정은 학생들이 학교에서 학교 밖에서 배우는 기술과 지식을 더 잘 활용하며 협업할 것을 요구하는데, VR Campus 프로젝트의 학생들도 이러한 협업을 적극 활용하여 곳곳에서 당면한 문제를 잘 극복한 것을 볼 수 있다.

예컨대 VR Campus 학생들은 크로스컨트리클럽(스포츠 클럽)과 연계하여 '등산 – 탐구 – 생태계 정보 – 습득 – 번역'의 5단계를 거쳐 스스로 생태계에 대한 지식들을 쌓을 수 있었다. 또한 자신들의 프로젝트에서 제작한 생태 데이터베이스를 크로스컨트리클럽과 공유하여 비대면 수업에서 사용할 수 있게 하였다. 덕분에 크로스컨트리클럽은 VR Campus를 통해 비대면으로도 학교 곳곳을 누비며 교내 생태계에 대한 지식을 습득할 수 있었다.

VR Campus 팀은 자신들이 만든 VR Campus를 장기적으로 관리하며 학교 홍보를 위해 적극적으로 활용하기 위해서 벤처 스타트업에 있는 선배들과 연락하여 홈페이지와 프로그램의 지속을 구상하고 있다.

상이한 분야의 여러 전문가나 관련자들이 모여 협업할 때 가장 선행되어야 할 것은 이들이 가지고 있는 철학적인 가정들(philosophical assumptions), 예를 들어 인식론적이고 존재론적인 가정과 그것들이 형상화하는 것들(representations)에 대해서 주의를 기울이고 대화해 보는 것이다.[3] 특히 집단 사고(groupthink)를 촉진시키기 위해서 이러한 과정이 필수인데, 각 분야 전문가가 문제를 인식하는 방법과 방향을 가지런히 맞추어야 복잡한 문제를 해결하는 데 집중점이 생기기 때문이다.[4]

"우리 각자 무슨 역할을 하게 될까?", "팀의 다른 멤버들이 알아야 할 지식은 무엇일까?", "내가 선택하고 계획하고 실행하는 행동을 대체할 수 있는 것은 무엇일까?" 등의 질문을 던지면서 교사와 학생들은 다른 사람들이 가진 철학적인 가정들에 대해서 의논을 해야 한다.[5] 114쪽 그림은 이러한 사고 과정을 도식화 한 것이다.

이렇게 융합교육과정에서 학생들 간 그리고 외부인과의 협업을 촉진시키기 위해서 무엇보다 중요한 것은 지도교사의 역할이다. 교사는 더 이상 지식을 전달하는 역할을 주로 하는 선생(teacher)이 아닌 학생들이 이미 배운 지식을 토론하고 서로 가르치고 그럼으로써 더 깊이

---

3 Keestra, M. (2017). Metacognition and reflection by interdisciplinary experts: Insights from cognitive science and Philosophy.

4 Cacioppo, J. T. (2007). Better interdisciplinary research through psychological science. APS Observer, 20(10). Retrieved on August 30, 2017 from https://www.psychologicalscience.org/observer/better-interdisciplinary-researchthrough-psychological-science

5 Wiltshire, T. J., Rosch, K., Fiorella, L., & Fiore, S. M. (2014). Training for collaborative problem solving: Improving team process and performance through metacognitive prompting. Proceedings of the Human Factors and Ergonomics Society Annual Meeting, 58(1), 1154-1158.

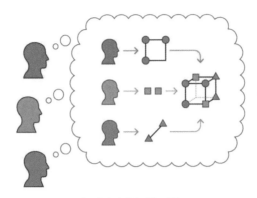

〈철학적 가정에 대한 질문〉

출처: Keestra, M. Metacognition as a prerequisite for interdisciplinary integration.
https://i2insights.org/2019/02/05/metacognition–and–interdisciplinarity/

생각하게 만드는 조력자(facilitator)로서의 역할을 해야 한다. 국내에도 이미 많이 알려진 '거꾸로 학습법(Flipped learning)' 사례에서 보는 것처럼 학생들은 수업 시간 전에 정해진 분량의 영상이나 자료를 집에서 미리 보고 학교에서는 상호작용하는 것에 할애하는 학습법이 미래에는 대세가 될 것으로 보인다. 이는 종래의 지식 전달식 학습 혹은 은행 저축식 학습이 더 이상은 설자리가 없어짐을 의미한다.

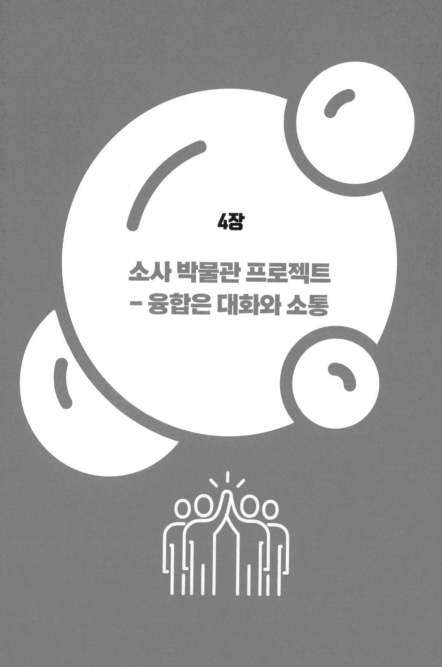

4장

소사 박물관 프로젝트
- 융합은 대화와 소통

소사 박물관 프로젝트 소개

소사 박물관 프로젝트는 잘 알려지지 않은 민사고의 역사를 많은 학생들과 공유하고, 방치된 소사관 공간을 재구성하여 쓰임을 만든다는 두 가지 목표를 위해 구상되었다. 민사고는 학교 이곳저곳에 존재하는 자료들은 많지만 학교 역사의 기록을 담당하던 역사 기록부가 사라지면서 이를 정리하고 보관할 주체가 없어졌다.

소사 박물관 프로젝트를 진행한 촛불팀은 그동안 학교가 걸어온 발자취를 보존하고 후대에 전하는 활동은 시기적으로 매우 중요하다고 판단했고, 학생들이 원할 때 손쉽게 학교의 역사를 공부할 수 있도록 하는 플랫폼을 구축하는 일이 꼭 필요하다고 생각했다. 학교 역사에 대한 학생들의 접근성을 높이고 관심도를 향상시키는 일은 자연스럽게 학교의 정신과 교훈을 되새기게 되는 활동이기도 했다.

나아가 방치된 소사관에 새로운 숨을 불어넣어 효용적인 공간으로 재탄생시키는 것 역시 이 융합 프로젝트의 또 하나의 목표다. 매우 넓은 부지를 보유하고 있음에도 실질적으로 활용하는 공간이 지극히 한정되어 있는 현재의 상황에서 전기나 인터넷 같은 기본적 시설이 완비된 소사관 건물을 방치하고 있는 것은 학교 입장에서도, 환경적으로도 큰 손실이라고 할 수 있다.

이에 소사관 건물을 활용하여 방치된 공간을 재생하는 것이 학생과 학교 모두에게 유의미한 일일 것이라고 생각하여, 소사관 건물을 청소하고 가구들을 재배치하여 박물관으로 새롭게 구성하였다.

프로젝트 진행 과정

1 전시 내용 정리

(1) 온/오프라인 사료 수집

박물관 설계 및 계획에 앞서 꾸준히 새로운 사료를 수집했다. 민사고의 행정실, 선생님들, MUNESCO와 바로잡는 연구회[1]에서 기증 또는 대여해 준 자료들과 '입법위원회 구글 드라이브', '사법위원

---

1 MUNESCO와 바로잡는 연구회가 민사고 다산관 2층의 사료를 관리하고 있던 단체들이어서 박물관을 위해서 사료를 모으는 과정에서 그들의 협조를 받았다.

회 구글 드라이브', KMLA Online, 과거 사이트의 모습을 보여주는 Wayback Machine(https://archive.org/web/)을 통해 과거 학교 홈페이지의 게시물 등 온라인에 남아있는 기록들 모았다. 이런 자료는 모두 민사고의 과거 모습을 공부하고 역사를 정리하는 데 도움이 되었다.

〈Wayback Machine을 통해 본 민사고 홈페이지〉 (2021.02.01. 기준)

〈구글 스프레드시트 "자료 리스트" '실물 자료' 항목〉

수집한 자료들은 구글 스프레드시트 '자료 리스트'에 추가하며 정리해 나갔다. '자료 리스트'는 '학생 간행물', '학교 홍보 자료', '학교 행사 자료', '학교 시험 자료', '외부 입시 자료', '학교 교육 자료', '실물 자료'로 항목을 구분하였고, 총 250여 개의 자료가 등록되어 있다고 한다.

(2) 전시 주제 선정 및 자료 제작

현실적으로 민사고의 모든 역사를 박물관에 담아낼 수는 없다고 판단하고, 팀원들 간의 논의 끝에 최종적으로 '초기의 학교', '학생 자치', '교육과정', 그리고 '교복 체험실'로 전시 주제를 선정했다. 그동안 수집했던 사료들을 바탕으로 전시에 들어갈 설명문을 작성하고 표와 그

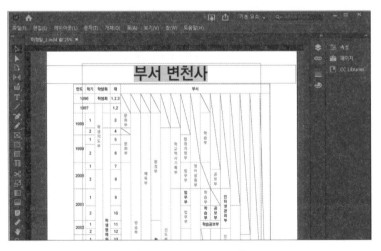

〈Adobe Indesign 편집 화면〉

림으로 정리했다. 정리가 끝난 부분은 편집 프로그램 Adobe Indesign 에 구현한 후에 PDF 파일로 주문 제작에 들어갔다.

2 박물관 개장 준비

(1) 소사관 도면 제작

소사관은 지어지고 난 후 사용된 적이 없고, 소사 박물관 팀원들에게 도 생소한 건물이었기 때문에 팀원들은 일단 건물의 구조를 알아보는 과정이 필요했다. 학교 행정실에서 소사관이 지어질 당시 제작되었던 도면 사진을 받아 몇 층의 어느 호실들을 박물관으로 활용할지 의논 하여 정했다.

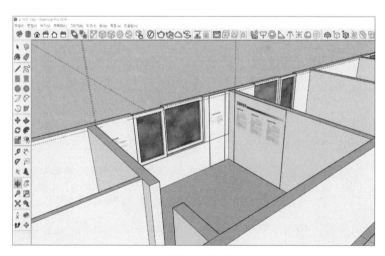

〈스케치업 편집 화면〉

그렇게 정해진 두 호실을 합쳐 Autocad로 도면을 그리고, 이를 이용해서 3D 모델링 프로그램인 '스케치업'으로 컴퓨터 상에서 입체 구조를 그렸다. 그리고 더 정밀하게 방 크기와 벽 두께를 실측한 후 도면을 보완해 실제 방의 구조와 거의 일치하는 모델링 작업을 완성하였다. 이렇게 완성된 입체 모델을 이용해 실제 박물관에 붙이는 설명문들의 위치를 미리 구상했다.

(2) 소사관 청소

오랜 기간 사용되지 않은 만큼 소사관 내부는 먼지가 많이 쌓여 있어 소사 박물관팀은 청소 도구를 챙겨서 약 4시간에 걸쳐 전시 공간으로 활용될 두 호의 청소를 마무리했다.

(3) 박물관 디자인

박물관 내부를 디자인할 때 소사 박물관팀이 집중했던 것은 '분위기'였다. 관람객이 창문 밖 학교 풍경을 바라보거나 전시실 사이를 이동하는 동안에는 자신이 소사관에 내에 있다는 점을 자각하면서도, 전시되어 있는 자료들을 보는 동안에는 실제 박물관에 있는 듯한 기분이 들게 만들고자 했다.

우선 Adobe Indesign으로 구현한 전시 자료들을 업체에 주문해서 스티커 재질의 포스터로 제작했다. 벽에서 뗄 때 벽지나 페인트가 손상되지 않는지 미리 확인도 했다. 정자관이나 회의록 같은 실물 자료들은 소사관 1층에서 가져온 테이블 위에 전시했고, 일부 테이블에는 카펫을 깔아서 분위기를 더했다.

또한 전시실에 들어오기 전 1층 복도 벽면에 LED 등을 설치하여서 민사고 선생님께서 직접 써주신 글씨 '蘇史(소사)'와 융합 프로젝트 팀을 소개하는 포스터를 비추게 했다. 2층 입구에는 관람객들이 사진을 찍을 수 있는 포토부스도 마련했다.

3 박물관 개관 홍보

개장 전날인 7월 5일, 모든 민사고 재학생이 볼 수 있는 페이스북 그룹 '민사고 먹9사9팔9'에 박물관의 개장을 알렸다. 박물관과 융합 프로젝트 팀을 소개하는 팸플릿을 제작해 선생님들께 찾아가 전달하고, 다산관과 충무관에 배치해 학생들이 자유롭게 가져갈 수 있도록 했다. 또한 선생님들을 위해 정식으로 초대문을 제작해서 전달했다.

〈홍보 자료(좌: 페이스북 공지 화면 / 우: 초대문)〉

4 연구 성과

소사 박물관은 각기 다른 테마로 구성된 4개의 전시실로 이루어져 있다. 소사 박물관에 방문하시는 분들은 1층의 복도를 가로질러 2층에 위치한 박물관으로 들어가게 된다.

2층 입구에는 박물관의 이름인 '소사(蘇史)'와 '역사, 되살아나다'라는 박물관의 슬로건을 간판으로 제작하여 방문자분들이 기념용 사진을 자유롭게 찍을 수 있는 공간을 마련했다. 또 2층 복도에는 개교 이래 2020년에 이르기까지 민사고의 중대사를 정리한 연표를 부착하여

〈1층 복도 및 2층 입구 사진〉

〈제1전시실 내부 모습〉

(좌: 학교의 설립 과정을 설명한 자료 / 우: 과거 학생들의 하루를 정리한 전시물)

전시실을 이동하면서 볼 수 있게 하였다.

제1전시실은 초기의 학교 설립 과정과 학교의 초창기 모습을 주제로 구성했다. 설립 이전부터 2000년대 초반까지의 학교의 모습과 그 설립 과정을 당시 회의록과 같은 자료들을 통해 자세하게 관람할 수 있다. 학교가 개교하기 이전에 최초로 마련되었던 학칙이나 '민족사관고등학교'라는 이름이 정해지게 된 경위, 1997년 외환위기 당시의 학교와 같이 재학생들이나 선생님들도 잘 알지 못하는 내용들도 설명되어 있다.

제2전시실에서는 민사고의 가장 큰 특징 중 하나인 학생 자치의 역사를 소개한다. 학생명예위원회와 학생자치위원회부터 오늘날의 행정위원회, 입법위원회, 사법위원회 삼권분립 학생 공화정 형태에 이르기까지 본교의 학생 자치 시스템을 체계적으로 정리해 둔 본 공간은 역대 학생회의 구조와 선거 방식의 변천사, 각 위원회 별 변천사와 역사를 구체적으로 설명한다.

제3전시실은 민사고의 독특한 교육과정을 설명한다. 제3전시실은

〈제2전시실 내부 모습〉

(좌: 입법위원회 전시 내용 / 우: 사법위원회 전시 내용)

〈제3전시실 내부 모습〉

(좌: 열람 가능한 사료 / 우: 입시와 수강신청 제도를 설명하는 전시물)

민사고의 교육과정이 어떤 역사를 거쳐 지금의 모습에 이르게 되었는지를 한눈에 확인할 수 있도록 구성되었는데, 실제로 학생들이 사용했던 책과 입시 관련 자료, '불휘기픈나모' 등의 학생 간행물과 같은 풍부한 실물 자료들을 함께 전시했다. 특히 입시제도, 수강 신청, 교육과정, 개설 과목, 여름 학기, IR(Individual Research)의 변천을 확인할 수 있다.

제4전시실에는 교복의 변천사를 소개하고 방문자가 직접 교복과 다양한 한복을 입어볼 수 있도록 하는 체험 공간이 조성되어 있다.

〈제 4전시실 내부 모습〉

(좌: 과거와 현재의 동복 예복을 전시한 사진 / 우: 과거와 현재의 하복을 전시한 사진)

소사 박물관은 여름 학기 동안 개장하는 것을 목표로 구성되었는데 외부인들이 학교에 방문했을 때 학교에 대해 소개하는 용도로 사용할 가치가 충분하다고 판단해 소사 박물관 대외 홍보단과의 협업을 통해 학교 홍보용으로 관리하도록 하는 방안을 모색 중이며 온라인 박물관을 만드는 것도 고려하고 있다고 한다.

★ ────────────────────────────────

팀원들과의 인터뷰

Q. 융합 프로젝트를 시작할 때 팀 구성은 어떻게 하셨나요?

이전 학기부터 민사고의 예전 자료들을 수집하는 프로젝트를 두 친구와 진행하고 있었다. 자료를 다 드라이브에 디지털화한 후 어떻게 더 발전시킬까 고민을 하던 와중에 건축을 전공하려고 생각하는 세 명의 친구들과 프로젝트를 진행하게 되었다. 이후 역사와 건축을 융합하는 역사 박물관 제작을 기획했다.

Q. 촛불팀의 지도교사를 정한 기준은 무엇이었나요?

한 선생님은 역사에 대한 관심이 많고 사진 자료를 비롯한 여러 자료들을 가지고 계셔서 조언을 받고자 부탁드렸고, 다른 선생님은 학교에 관심이 대단히 많아서 부탁드렸다. 두 선생님이 영교관에 계셔서 여러 곳을 돌아다녀야 하는 프로젝트 특성상 많은 도움이 되었다.

Q. **팀원 간 역할 분배는 어떻게 이루어졌나요?**

융합 프로젝트의 특성상 리더가 정해지지 않고, 6명의 부원들이 자신의 정해진 일을 책임감을 가지고 해야 했다. 그래서 한 명이 주도적으로 하기보다 3명은 역사, 3명은 디자인과 건축으로 역할 배분을 해서 시작했다. 자신에 역할에 배정되지 않은 일이 있어도 6명 모두 자신이 해야 할 일을 끝내고 서로 도우며 성공적으로 프로젝트 진행을 할 수 있었다.

Q. **특별히 열심히 할 수 있었던 동기가 무엇이었나요?**

6명의 순수한 열정이 컸기 때문이 아닐까 싶다. 또한 처음에 명확한 목표를 정하고 시작해서 해야 하는 이유가 뚜렷했다. 그리고 많은 사람들에게 영향을 줄 수 있다는 믿음이 있어서 꾸준히 열심히 할 수 있는 동기를 유지했다고 생각한다.

Q. **프로젝트 진행 과정에서 갈등이 있었나요?**

우리는 한국말로 박물관을 개최했는데 지도교사 선생님이 외국인 교사다 보니 소통에 어려움이 조금 있었다. 예를 들어 총 4관으로 구성한 박물관에서 한 관은 학생 자치와 관련된 관이었는데, 우리의 설명에도 선생님께서 완벽하게 이해를 하지는 못하셨다. 모든 자료를 읽고 번역하기 힘들었기에 내용을 온전하게 전달할 수 없었다.

팀 간에 어려운 점은 팀원들이 계열이 다르고, 국제 계열 학생도 많은 팀이다 보니 박물관을 제작하는 여름 방학 기간에 몇몇 국제 계열 친구들이 학교에 있지 않았다. 그래서 다른 국내 학생들에게 일이 편중되어 역할 분담에 어려운 점이 있었다.

Q. 이런 갈등 사항을 어떻게 해결하였나요?

일단 고등학교 3학년 때 진행한 프로젝트다 보니 입시 상황을 서로 어느 정도 이해를 했다. 그리고 팀원 모두가 이 일에 대한 중요성을 인지하고 있었기에 인턴 활동을 나가면 미리 디자인 활동을 하는 등 일정에 맞추어서 미리 할 수 있는 일들을 조정해 나갔다.

Q. 갈등 상황을 통해 배운 점은 무엇인가요?

다양한 계열의 학생들이 모여서 프로젝트를 진행하기 때문에 갈등이 어쩔 수 없이 생겼다. 하지만 박물관의 윤곽이 드러나기 시작하면서 선생님들과 학생들의 칭찬을 많이 들으니 이런 갈등이나 고통을 잊어버렸다. 그래서 다른 프로젝트를 진행할 때도 이런 만족감을 기억하면서 프로젝트 진행을 꾸준히 할 수 있었다.

Q. 교과에 정해진 3시간 외 얼마나 많은 시간을 사용했나요?

융합교과 시간 외에 시간을 많이 사용하기는 했다. 학기 중에 했던 내용 조사에 제일 많은 시간을 쓴 것 같다. 학기 중에서는 교과 시간 3시간 정도를 평균적으로 이용했고, 2주당 1시간 정도씩 개인 시간을 할애하여 프로젝트를 진행했다. 박물관을 개장을 여름 학기 동안 했는데 한 명은 안내를 위해 박물관에 있어야 했기 때문에 개장 기간에도 개인적으로 하루 2시간 정도 공강 시간을 할애했다.

Q. 팀에서 가장 자신 있었던 부분은 무엇인가요?

노력을 가장 많이 했다고 자부할 수 있을 것 같다. 매주, 매시간마다 무엇을 할지 고민하며 시간을 생산적으로 사용하기 위해 모두가 노력했다. 한 학기 동안 꾸준히 노력했기에 좋은 결과가 나왔다는 생각이 들었다. 꾸준함과 모두가 가지고 있었던 책임감이 가장 자랑스러웠다.

Q. 융합 프로젝트 활동에서 지도교사의 기여도는 어느 정도였나요?

두 분 다 동아리 시간 동안 도와주시려고 많은 노력을 하셨다. 첫 번째 선생님은 소사관 청소와 박물관 자리를 마련하는 데 큰 도움을 주셨고, 학교의 예전 자료를 가지고 가면 보관할 공간도 마련해 주시고, 장소를 직접 꾸미는 데도 도움을 주셨다. 두 번째 선생님은 박물관 구성 측면과 학생들을 어떻게 하면 많이 오게 할지와 같이 마케팅 측면에서 많은 도움을 주셨다.

Q. 진행 과정에서 지도교사와 갈등은 없었나요?

외국인 선생님이라 언어의 장벽이 어쩔 수 없이 있었던 것 같다. 선생님이 박물관의 지속성에 대한 지적을 많이 하셨는데 동아리나 새로운 융합 프로젝트로 이어가지 않으면 박물관의 역할을 잘 할 수 없다고 조언을 해 주셨다. 그래서 이번 학기에는 박물관의 지속성에 집중

하여 충무관 전체에 프로젝트 전시하는 것을 제안하고자 한다.

Q. 자료를 수집하면서 느낀 점은 어떤 것이 있나요?

프로젝트 시작할 때 학교 폐교라는 이슈는 크게 염두에 두지 않고 시작했다. 하지만 발표회에서 선생님과 학생들이 우리 학교가 존재해야 하는 이유를 잘 설명해 주는 것 같다고 피드백을 해 주었다. 이런 측면에서 본다면 민사고는 한순간에 만들어진 것이 아니라 선생님들과 학생들의 노력이 쌓여서 만들어진 큰 교육적 산출물이라는 생각이 든다.

Q. 예산은 어떻게 계획했나요?

포스터라든지 박물관을 꾸미는 데 얼마나 드는지 몰랐기 때문에 처음에는 대략적으로 200만 원을 미리 신청을 했고, 프로젝트를 마지막으로 시행하면서 10만 원 정도 남았다. 시행착오가 많을 것 같아 50만 원 정도의 여유 자본을 신청했는데 잘 맞아떨어졌다.

Q. 융합 프로젝트 팀을 구성할 때 가장 중요한 점은 무엇일까요?

우리 팀뿐 아니라 여러 팀이 구성되는 것을 봐 왔는데, 무조건 친하다고 팀을 짜는 것보다 목적에 동의할 수 있는 사람들끼리 팀을 만드는 것이 중요하다고 생각한다. 우리 팀도 원래 다른 두 팀이 만나서 처음에는 서로 편하게 이야기하지 못했지만, 목표가 뚜렷했기에 원활하게 프로젝트가 이루어졌던 것 같다. 친한 것보다 목적에 동의할 수 있는 팀원끼리 프로젝트를 진행하는 것이 더 좋다.

Q. 프로젝트는 계획의 몇 %를 달성했다고 생각하나요?

85%가 계획대로 이루어졌다고 생각한다. 박물관에 실물 자료들이 많지 않은데, 시간이 많았다면 이런 부분들을 해결할 수 있었기에 15% 정도 아쉽다.

Q. 일반 교과 과목과 융합 프로젝트 수업 중 무엇을 선택할 것 같나요?

융합 프로젝트를 선택할 것 같다. 그 이유는 민사고는 프로젝트 진행에 예산도 부여해 주고 중간 보고서, 최종 보고서를 써 볼 수 있고 선생님들도 지원을 많이 해 주시기 때문이다. 융합 프로젝트를 진행할 수 있는 환경이 잘 마련되어 있어 여러 활동을 경험하기에 아주 좋다. 또한 수업 시간에 융합 프로젝트를 진행하기 때문에 부담도 덜하다.

Q. 그래도 개선해야 할 점이 있다면 무엇인가요?

보고서 형태가 과학 실험의 형태만을 가지고 있어 더 다양한 보고서 형식의 예시가 있다면 좋을 것 같다. 그리고 마지막에 포스터 대회를 하는데 포스터 발표와 융합 프로젝트 내용에 관한 평가 가이드라인이 명확하지 않은 것 같아 명확한 기준을 명시해 주었으면 좋겠다.

Q. 융합 프로젝트를 진행하고 나서 융합의 정의가 바뀌었나요?

과거에 융합을 어떻게 생각했는지는 기억이 나지 않아서 융합 개념에 대한 생각 변화는 잘 모르겠다. 현재 융합을 생각하면 계열이 다른 팀원들과 융합 프로젝트를 진행하면서 다른 계열 친구들의 생각과 가치관을 공유하면서 소통했던 기억이 난다.

Q. 마지막으로 융합 프로젝트에 대해 덧붙이고 싶은 말이 있나요?

평소 하고 싶거나 관심 있던 주제를 융합 프로젝트로 시도해 본다면 좋을 것 같다.

★
지도교사 인터뷰

Q. 팀이 선생님을 찾아온 이유는 무엇이라고 생각하시나요?

1997년부터 민사고에서 학생들을 가르쳤고, 1년 365일 캠퍼스에 있으니 많은 학생들이 나를 안다. 또 스스로 조사와 프로젝트를 진행하고 있고, 선생님으로서 넓은 범위의 과목들을 커버한다는 것도 학생들이 나를 찾아온 이유인 것 같다.

Q. 프로젝트를 진행하는 과정에서 갈등이 있었나요?

박물관에 전시된 물건들이 팀원들이 수집한 자료 중 너무 작은 부분만 보여주었다고 생각했다. 그래서 팀원들에게 실망스러웠다고 이야기했는데, 다음 날 금상을 받았다고 말하더라. (웃음)

Q. 융합 프로젝트 활동에 본인의 기여도는 어느 정도였나요?

박물관의 위치를 제안했고, 가지고 있던 소장품들과 연도별 책 (yearbook)을 제공했다. 그리고 팀이 가장 먼저 해야 할 것은 소사관의 방을 정리하고 청소하는 것이라고 말했다. 청소만 2주 정도 걸린 것 같다. 전반적으로 지도교사로서 내 역할은 가이드였다. 제안을 하고 조언을 해도 결정은 팀이 내리는 것이다.

Q. 융합 프로젝트 지도를 하면서 가장 힘들었던 점은 무엇인가요?

본인의 프로젝트에 대해 많은 생각을 하지 않은 채로 오는 팀들을 지도할 때가 가장 힘들다. 그들이 시간을 효과적으로 활용할 수 있도록 도와야 하기 때문이다. 당연히 소사 박물관 팀은 해당되지 않는다.

Q. 프로젝트가 '융합'이라는 테마에 어느 정도 부합한다고 생각하나요?

이 팀은 역사에 조금 더 집중되었지만 그것은 큰 문제는 아니라 생각한다. 학생들이 융합 프로젝트 진행 과정에서 배운 계획 세우기, 조정하기 등은 특정 수업에서 배우는 것들이 아니다. 학생들은 융합 프로젝트에서 활동(Act)을 한다. 다른 모든 수업들에서는 그저 반응(React)할 뿐이다.

"Students act in Integrated Project ; in all other classes they react."

Q. 이 프로젝트의 가장 큰 강점은 무엇이라고 생각하나요?

훌륭한 팀워크와 프로젝트와 동화되어 충분히 이해했다는 것이다.

Q. 학생들이 융합 프로젝트 대신 일반 교과를 하나 더 들을 수 있다면, 무엇이 더 낫다고 생각하나요?

필수로 넣는 수업들을 빼고 융합 프로젝트 시간을 두 배로 늘렸으면 좋겠다. 융합 프로젝트는 학생들이 창의적일 수 있도록 하는 훌륭한 아이디어다. 이것은 민사고를 다른 학교들과 차별화시키는 요소다.

물론 진행 과정에서 의사소통에 실패해 팀이 와해된 경우도 있었다. 또 팀원들 간에 기준을 합의하지 못해서 부분적 성공으로 끝난 경우도 있었고, 처음에 굉장히 추상적인 아이디어로 시작해서 끝날 때까지 그랬던 경우도 있다. 팀원들 간의 의사소통은 원활하게 이루어졌으나 지도교사 선생님과 연결이 안 되어서 계속해서 업데이트를 요구해야 했던 팀도 있었다. 이러한 부족한 점에도 불구하고 융합 프로젝트는 학교에서 지속적으로 발전시키며 업데이트해 나가야 한다고 생각한다.

Q. 좋은 지도교사란 무엇이라고 생각하나요?

학생들이 필요할 때 항상 있어 주고, 필요하다면 추가적인 시간을 써야 한다. 3시간은 충분하지 않다. 특히 3시간이 3일에 나눠져 있으면(연강이 아니라) 더더욱 그렇다. 따라서 주말의 하루를 프로젝트에 쓸 준비가 되어 있어야 한다.

긍정적으로 생각하고, 학생들을 최대한 지지하려고 하는 게 좋다. 융합 프로젝트를 우선순위에 두고, (일반 과목보다 더) 도구, 안전, 과정, 마음가짐 등에 대해서 실질적인 조언을 주어야 한다. 그리고 민사고는 기숙사를 운영하는 학교이기 때문에 엄청난 범위의 프로젝트에 대한 기회를 제공한다. 우리는 시간이 있고 기회가 있다. 이를 활용하지 않는 것은 잘못된 것이다.

"We have the time, we have the opportunity, crime if we don't use them."

Q. 본인이 생각하는 융합이란 무엇인가요?

두 개 이상의 학문 분야나 전문성이 있는 활동을 함께하는 것이다.

Q. 학생들에게 융합 프로젝트에 대해서 해주고 싶은 말이 있나요?

여태껏 학생들은 역사, 생태학, 언어학, 법학, 생물학, 천문학, 인류학 관련 주제나 건축, 컴퓨터 공학, 수공업으로 푸는 프로젝트들을 부탁했다. 솔직히 말하면 과목에 따라서 가이드의 질이 차이가 있다.

모든 팀은 가이드를 받을 권리가 있기 때문에 지도교사를 찾지 못했다면 내 범위 밖의 프로젝트더라도 수락했다. 부족하더라도 나아질 것이라고 믿으면서 시작하고 지속하는 힘, 이것이 융합 프로젝트에서 학생들이 가장 배워야 할 점이 아닌가 생각한다.

소사 박물관 프로젝트로 본 융합교육

"융합의 핵심은 대화와 소통이다!"

소사 박물관 프로젝트는 팀원 간의 끊임없는 대화를 통해 팀 내부뿐만 아니라 학교 관계자들과도 효과적인 커뮤니케이션을 이루어 냈다. 프로젝트 구상 단계에서 팀원들은 '학교 캠퍼스에서 방치되어 있는 소사관 건물을 어떻게 사용하여 쓸모 있게 탈바꿈시킬 수 있을까?'라는 질문을 던지고 이를 자신들이 가지고 있는 자원과 아이디어와 연결시켰다.

여러 전문 분야의 지식을 통합하고 종합하는 융합 과정에서 가장 중요한 요소는 '학습자가 그 문제에 대한 "알맞은 질문(right question)"을 던질 수 있는가'이다.[2] 이를 위해서 학습자에게 요구되는 것은 주어진 문제를 해결하기 위해 관련 분야에 "어떤 전문지식이 존재하며, 이 지식이 어떻게 적용될 수 있는지"에 대한 질문을 던져 보는 것이다.

융합교육연구의 대가인 미국의 줄리 클라인 교수도[3] 학제간 접근을 위해서 복잡한 이슈들과 문제들에 대해 "의미 있는 질문들(meaningful questions)"을 던지는 것이 선행되어야 한다고 주장한다. 이 질문에 답하기 위해 필요한 지식, 정보, 관점들이 존재하는 다양한 영

---

2 Porter, A. and Rossini, F. (1984). Interdisciplinary research redefined: Multi-skill, problem-focused research in the STRAP framework. R&D Management, 14, 105-111.

3 *Ibid.*

역과 자원들을 찾아내고, 찾아낸 자원들을 비교, 대조해 봄으로써 문제에 대한 좀 더 전체적인 이해를 가질 수 있게 되는 것이다.

이 과정에서 중요한 것은 학습자로 하여금 다양한 영역의 지식, 정보, 관점이 서로 충돌할 수도 있으며 그 가운데 생기는 '모호함(ambiguity)'과 '모순(paradox)'을 참아내며 해결책을 지속적으로 찾아나가도록 격려하는 것이다. 다음은 이러한 융합 과정에서 던져볼 수 있는 질문들을 정리한 것이다.

융합 과정에서 필요한 질문

- 인문/사회, 과학/과학의 연구가 당신의 연구에 어떤 부가 가치를 만들 수 있는가?
- 왜 당신이 제안하는 과제가 문제를 해결하는 데 최적이라고 생각하는가? 다른 대안은 없는가? 다른 사람들의 제안에 대해 의구심이 있는가?
- 면밀 조사 중인 문제의 모든 특징 가운데 당신의 관점에서 볼 때 무엇이 이치에 맞고 무엇이 맞지 않는가? 아니면 특별히 이해하기 어려운 것은 무엇인가? 무엇에 대해 더 알고 싶은가?
- 팀으로서 어떤 목표를 정했고 그 목표에 도달하기 위한 계획은 무엇인가? 현재 계획에서 발생할 수 있는 문제들은 무엇인가? 이러한 질문에 대한 답은 팀 구성원마다 다른가?
- 팀 작업에 대해 일부를 다시 살펴봐야 한다고 느끼게 하는 새로운 통찰력이 생겼거나 새로운 상황이 팀에 나타났는가?

출처: Keestra, M. Metacognition as a prerequisite for interdisciplinary integration. https://i2insights.org/2019/02/05/metacognition-and-interdisciplinarity/

이런 질문 던지기의 궁극적인 목표는 질문을 통해 타 분야 전문가들과 효과적으로 대화하는 법을 배우기 위함이다. 이런 대화법에서 가장 중요한 요소는 바로 자신의 분야에서만 통용되는 전문 용어를 가급적으로 배제하고 이해하기 쉬운 단어나 용어를 적극적으로 쓰는 것이다. 왜냐하면 학문과 산업이 세부적으로 분화되면서 각 분야에서 통용되는 용어가 너무나 전문화되어 타 분야 전문가와의 소통과 협업을 막는 가장 큰 요인 중 하나가 되었기 때문이다. 따라서 용어적인 장애물을 없앰으로써 먼저 사람들 간의 마음의 벽을 없애고 쉽고 편하게 소통할 수 있는 창구를 열게 된다.

　이렇게 쉬운 용어를 사용하는 것은 학문 분야의 지식을 산업에 적용하고 실생활과 사회에 필요한 문제 해결에 사용하는 데 기초가 되기도 한다. 실제로 산업은 학문 분과에 특정한 지식이나 기술에 따라 움직이지 않는다. 산업에서 핵심 가치는 문제 해결 능력이며, 이러한 능력은 다양한 관점과 학문을 연결하고 소통하는 가운데 가장 좋은 해결책을 찾을 것을 요구한다.

　학문적 지식과 기술을 사회에 나아가 쓸 수 있는 것으로 연결시키기 위해서도 학생들에게 되도록이면 쉬운 용어를 사용하여 자신이 배운 기술과 지식을 가급적 더 많은 사람들에게 설명하고 소통할 수 있는 능력을 가르쳐야 한다.

　현재 우리나라 교육은 많은 변화를 꾀하려고 노력하고 있지만 워낙 오랜 시간 주입식 지식 전달 교육 위주로 이루어졌기 때문에 미래 사회가 요구하는 인지적 유연성을 학교 현장에서 기르기는 쉽지 않다.

미래 사회 핵심 역량으로 일컬어지는 창의력, 비판적 사고, 복합적 문제 해결 능력을 배양하기 위해선 인지적 유연성을 기르는 것이 필수다. 소통과 대화의 과정을 통해 학생의 인지적 유연성을 어떻게 배양 발전시킬 수 있느냐가 융합교육의 초점이 되어야 할 것이다.

5장

민사킬라 프로젝트
- 융합은 문제 해결

민사킬라 프로젝트 소개

민사고 기숙사 생활에서 가장 불편한 점은 벌레가 많다는 것이다. 학교가 산속에 위치하다 보니 다양한 벌레들을 피하기가 쉽지 않다. 그래서 민사킬라 프로젝트 팀원들은 벌레를 효과적으로 퇴치할 수 있는 방법에 대해 고민하였고, 학생들의 생활을 더 쾌적하고 편리하게 만들어 줄 기존 제품에 비해 발전된 '벌레 퇴치기'를 고안하는 것을 프로젝트의 목표로 잡았다.

먼저 이론적 연구를 통해서 벌레가 싫어하는 빛(모기와 파리의 경우 610nm 파장의 노란빛, 초파리의 경우 파란빛)이나 싫어하는 향(유칼립투스 잎의 향), 벌레들의 활동일주기(活動日週期, Circadian cycle)의 영향을 조사했다. 이 과정에서 벌레 퇴치나 유인과 관련된 선행 생물학 연구들을 찾아보고, 실험을 설계하는 구체적인 과정들에 참고했다.

본격적으로 벌레 퇴치기를 만들기에 돌입하면서 실험을 통해 벌레들에게 빛을 비춰주기 위해 아두이노 프로그래밍[1]을 사용했다. 또 표준 곡선(또는 추세선)을 실험적으로 만들어 주변 환경을 인식해 빛의 세기를 다르게 도출하는 시제품을 만드는 데에 빛의 세기를 조절할 수 있도록 아두이노를 사용하였다. 이후 3D 프린터를 활용하여 시제품을 만들기 위해 3D 설계도를 구성하였다. 이때 그 분야의 전문가와의 상담을 통해 설계도의 실현 가능성, 3D 프린팅의 주의점을 파악하였고 이를 보완하여 실제 시제품을 제작하였다.

민사킬라 팀은 시중에 나와 있는 벌레 퇴치 상품은 벌레를 유인하여 끈끈이 등을 통해 잡거나 벌레를 죽이는 경우가 대다수여서 이런 시제품을 많이 사용한다면 벌레의 개체 수에 직접적인 영향을 미칠 것이고 더 나아가 생태계에도 악영향을 끼칠 수 있다고 생각했다. 그래서 프로젝트를 통해 만든 새로운 제품은 빛을 이용하여 벌레를 쫓아내는 방식을 채택했다. 벌레들의 개체 수에 직접적인 영향을 주지 않는 친환경적인 벌레 퇴치기 제작을 시도했다.

민사킬라 팀은 활동일주기와 빛을 활용한 퇴치 사이의 인과관계를

---

1 아두이노는 다양한 스위치나 센서로부터 입력 값을 받아들여 LED나 모터와 같은 전자 장치들로 출력을 제어함으로써 환경과 상호작용이 가능한 물건을 만들어 낼 수 있다. 예를 들어 단순한 로봇, 온습도계, 동작 감지기, 음악 및 사운드 장치, 스마트 홈 구현, 유아 장난감 및 로봇 교육 프로그램 등의 다양한 제품들이 아두이노를 기반으로 개발 가능하다. 또한 아두이노는 회로가 오픈소스로 공개되어 있으므로 누구나 직접 보드를 만들고 수정할 수 있다. 출처: 두산백과

조사하여 보다 효율적인 퇴치를 가능하게 하였다. 기존의 벌레 퇴치와 관련한 연구의 경우 대부분 빛과 색깔만을 활용하여 벌레의 행동 변화를 조사한 경우가 많았다. 하지만 이 프로젝트를 통해 팀원들은 단순히 빛과 색깔에서 그치지 않고 벌레의 행동 패턴에 중요한 영향을 끼치는 일주기의 연결을 통해 보다 더 효율적이고 효과적인 빛의 세기를 찾을 수 있었다.

프로젝트 진행 과정

1 이론적 배경 연구

(1) 빛을 이용한 퇴치

실생활에서 빛을 이용한 벌레 유인이나 퇴치는 널리 사용되고 있다. 이는 특정 파장의 빛에 대한 벌레의 선호도를 이용한 것이기에 탐구 대상인 '초파리(drosophila)'가 피하는 파장을 조사하였다. 초파리의 경우 특정 파장에 대한 선호도가 시간에 따라 변하는 양상을 띤다. 즉 이른 아침과 저녁에는 초록색의 빛에 대한 선호도가 높지만 점심때는 선호도가 감소한다. 반면 초파리는 파란빛에 대한 회피를 하루 동안 지속적으로 보인다. 이 결과를 이용하여 팀원들은 초파리 퇴치기에 파란빛을 쓸 수 있음을 알아내었다.

(2) 향을 이용한 퇴치

유칼립투스 잎의 향은 오래전부터 호주의 원주민들이 사용했을 정도로 벌레 퇴치에 큰 효과를 보인다. 실제로 유칼립투스 오일을 스프레이로 뿌려줄 경우 파리나 모기, 진드기를 퇴치할 수 있는데, 이는 유칼립투스가 편백나무와 같이 피톤치드 성분을 가지고 있기 때문이다. 또한 유칼립투스는 특유의 시원한 향으로 방향제의 역할도 하고 있기 때문에 사람들 간 호불호가 크게 갈리지 않는다. 즉 유칼립투스 향은 벌레를 퇴치하는 데도 효과적이고 많은 사람들이 선호하는 향 중 하나이므로 일상생활에서 벌레 퇴치기에 사용할 향으로 적합하다고 생각된다.

(3) 활동일주기

활동일주기는 약 24시간을 주기로 활동하는 생물체의 리듬으로 주위 환경의 영향을 크게 받지 않고 일정하게 유지된다. 그러한 점에서 이 생체 리듬은 외부적 요인보다는 생물체의 내부적 요인에 의한 현상이라고 판단된다. 마찬가지로 벌레 또한 활동일주기를 가지고 있어서 24시간을 주기로 일정한 생물학적 패턴이 나타나게 된다.

  활동일주기는 생체 내에서 일어나는 거의 모든 생물학적 활동들에 관여한다. 예를 들어 활동일주기는 수면 주기에 관여하는데, 그 결과로 거의 모든 동물들의 수면 주기는 매일 일정하게 유지된다. 또 수면 주기 외에도 호르몬의 분비 등 많은 생물학적 반응들이 활동일주기에 의해 큰 영향을 받는다. 이처럼 활동일주기의 영향은 생명체에게 매우 크기 때문에 팀원들은 초파리가 파란빛을 인지하고 반응하는 정도 또한 활동일주기의 영향을 받을 것이라고 가정하였고, 뒤에서 기술하 듯이 실험적으로 확인하였다.

2 가설 설정

이론적 배경 조사를 통해 파란빛을 이용하면 초파리를 퇴치할 수 있음을 알게 되었고, 이 프로젝트의 목적인 '효과적인 벌레 퇴치기 고안'을 위해 벌레의 감각 인식 및 생활에 큰 영향을 주는 활동일주기를 벌레 퇴치에 접목해 보았다.

벌레는 활동일주기에 의해 생활 패턴이 주기적으로 바뀌기 때문에 시간에 따라 벌레가 가장 싫어하는 파란빛의 세기가 있을 것이라는 가설을 설정하였다. 이에 따라 팀원들은 이 가설을 실험을 통해 증명하고 실험의 결과를 아두이노를 이용하여 벌레 퇴치기에 사용할 것을 계획하였다.

추가적으로 더욱 효과적인 벌레 퇴치를 위해 유칼립투스 잎 향의

파란빛의 사용	유칼립투스 향의 사용
벌레가 활동일주기에 따라 가장 기피하는 세기의 파란빛을 찾는다: 이는 실험을 통해 찾는다. 아두이노를 이용하여 특정 시간에 벌레가 가장 기피하는 세기의 파란빛을 비춘다.	방향제를 이용하여 벌레 퇴치에 효과적인 유칼립투스 향을 방출한다.

〈효과적인 벌레 퇴치기 고안〉

방향제도 벌레 퇴치기에 넣어줄 예정이다. 요약하자면 아두이노 코드를 이용하여 벌레의 활동일주기에 알맞은 세기의 파란빛을 발하고 유칼립투스 향을 방출하는 벌레 퇴치기를 만드는 것이 프로젝트의 주제이다.

팀원들은 '벌레는 활동일주기에 의해 생활 패턴이 주기적으로 바뀌기 때문에 시간에 따라 벌레가 가장 싫어하는 파란빛의 세기가 있을 것'이라는 가설을 설정하였다. 이를 증명해내고, 특정 시간에 벌레가 가장 싫어하는 빛의 세기를 찾기 위해 실험을 진행하였다.

3 실험

| 1차 실험 | 모기와 파리를 이용한 실험

(1) 실험 설계

모기와 파리가 일상생활 속에서 가장 많이 접하는 해충이라고 생각되어 다른 시간대에 빛의 세기에 따른 모기와 파리의 빛 기피 정도를 측정하는 실험을 설계했다. 조사에 따르면 모기와 파리는 610nm 파장의 노란빛을 기피하는 것으로 알려져 있다.

실험용 상자의 한쪽 면을 양면테이프로 완전히 덮은 후 노란색 빛을 그쪽으로 가까이 대서 얼마나 많은 수의 파리와 모기가 양면테이프에 붙는지를 관찰하기로 했다. 각 시간 별로 가장 적게 붙는 빛의 세기가 퇴치 효과가 가장 클 것이라고 전제했다.

시간대별로 벌레 퇴치에 가장 효과적인 빛의 세기를 파악하여 결과 값들로 표준 곡선(standard curve)을 그린다. 이후 표준 곡선을 아두이노에 대입하여 시간에 따라 출력되는 빛의 세기를 다르게 하여 벌레를 퇴치할 것이다.

(2) 실험 준비

아크릴판 30장을 구매하고, 아크릴 접착제 및 테이프를 이용하여 정육면체 형태의 실험용 상자를 제작하였다.

원하는 빛(노란색)을 출력하는 프로그램을 코딩하고 구입한 아두이노 키트와 RGB LED를 조립하여 회로를 구성하였다.

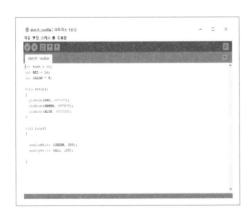 

〈코딩한 프로그램 화면과 아두이노 회로 구성 사진〉

다음은 질병관리청과 연락하여 모기와 파리를 각각 100마리씩 지원 요청했다. 그리고 부모님의 도움으로 질병관리청에서 직접 모기와

〈질병관리청에서 받은 모기와 파리를 실험 상자에 옮긴 모습〉

파리를 받아 학교로 옮겼다. 보관을 위해서 정육면체의 아크릴 상자를 아크릴 판으로 절반으로 나눈 뒤 한쪽에 모기, 다른 한쪽에 파리를 보관하였다. 내부에 설탕물을 적신 탈지면을 함께 넣었다.

(3) 실험 과정

파리와 모기를 대상으로 실험을 실행하려 했으나 파리가 보관 단계에서 모두 죽어 파리를 대상으로 한 실험은 진행하지 못하였다. 따라서 밤에만 활동하는 모기의 특성을 고려하여 저녁 시간(5시 30분)에 실험을 진행하였다.

① 모기를 보관한 아크릴 상자 속에 양면테이프를 붙인 아크릴 판을 집어넣는다.

② LED 전구에 프로그램을 업로드하여 노란빛을 출력한다.

③ 10분 후 양면테이프에 붙은 모기 수를 조사한다.

(4) 실험 결과

▶ 파리의 경우

보관 단계에서 모두 죽어 실험을 진행하지 못하였다. 이는 습도를 맞추지 못한 것이 원인일 것으로 예상된다. 파리를 보관했던 학교 실험실의 특성상, 온도는 조절할 수 있더라도 습도는 조절이 불가능하다. 따라서 질병관리청에서 요구한 습도 70%를 맞추지 못했다.

▶ 모기의 경우

외부 자극을 주어도 한 마리도 날아다니지 않는 등 활동성이 낮은 모습을 보였고, 실험 진행이 불가능하였다. 모기들은 여름에 주로 활동하는 만큼 최적 온도가 25°C 정도이다. 하지만 위 실험이 진행됐던 11월 15일의 기온은 약 12°C로 최적 온도보다 훨씬 낮았다. 따라서 모기의 낮은 활동성은 당시 외부 온도가 너무 낮았기 때문으로 예상된다.

(5) 보완할 점

실패한 이유	해결 방안
벌레 보관 방법에 문제가 있었다. 학교 실험실의 특성상, 습도를 조절하는 것이 힘들기 때문에 습도에 민감한 파리를 온전히 보관하는 데에 어려움을 겪었다.	습도에 크게 민감하지 않아 보관이 용이하고 생명력이 높은 '초파리'를 이용한다.
외부에서 실험을 진행해 온도가 매우 낮았고, 이는 벌레들의 활동에 영향을 미쳤다.	벌레들이 활동하기에 적합한 온도를 조성하기 위해 실내에서 실험을 진행한다.

| 2차 실험 | 초파리를 이용한 실험

(1) 실험 설계

학교 실험실의 여건상 벌레를 관리하기 힘들기 때문에 비교적 배양하기 쉽고 생존력이 높은 초파리를 이용한 실험을 계획했다.

▶ 실험 시간 설정

시간대를 오전 10시~11시, 오후 3~4시, 오후 6시~7시, 오후 10시~11시로 나누고, 빛의 밝기(조도)를 6단계로 나누어 실험한다. 시간대는 기숙사에서 나올 수 있는 시간과 실험 1회 진행 시 걸리는 시간 등을 고려하여 정했다. 조도의 경우 시간대가 4개일 때 조도가 5단계 미만으로 나누어져 있다면 반드시 2개의 시간대에서 조도가 겹치므로(비둘기집의 원리) 정확한 실험 결과를 얻기가 어렵다고 판단하여 4개 이상의 단계로 나누기로 결정했다. 이에 따라 LED가 낼 수 있는 0~255의 밝기 범위 내에서 균일하게 10, 56, 102, 148, 194, 240의 6단계로 나누어 실험했다. 숫자가 클수록 빛의 세기가 더 크다.

▶ 실험 장소: 다산관 1층(실내)

실험을 실내에서 진행한 이유는 크게 두 가지이다.

① 외부의 낮은 온도로 인해 초파리의 활성이 감소하는 것을 막기 위해 비교적 따뜻한 실내에서 실험을 진행한다.

② 실험의 목표가 초파리의 활동일주기에 따라 가장 싫어하는 파란빛의 세기가 바뀐다는 것을 보이는 것이므로 초파리의 활동일주기만이 실험 결과에 영향을 주어야 한다. 즉 변인 통제를 위해 온도나

주변 환경의 밝기 등을 일정하게 유지시키려 실내에서 실험을 진행했다.

▶ 실험 과정 설정

벌레의 활동일주기를 확인한다는 점에서 2차 실험은 1차 실험과 비슷하기 때문에 1차 실험과 비슷한 수순으로 실험을 진행한다.

(2) 실험 준비

아크릴 상자와 아두이노, LED 등은 1차 실험의 것을 사용한다. 단, 초파리는 파란빛을 기피하기 때문에 LED에서 파란빛이 나오도록 아두이노 코드를 수정한다.

초파리는 생물 나라를 통해 구입한다. 총 4번의 시간대에 6단계의 밝기로 실험하며, 한 실험 당 40마리의 초파리를 사용하기 때문에 약 1,000마리의 초파리를 준비한다.

아두이노로 빛을 밝힌 모습	초파리를 넣고 아두이노로 빛을 밝힌 모습
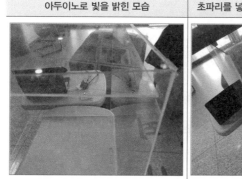	

(3) 실험 과정

① 투명 아크릴 상자의 중간을 아크릴 판으로 나눈다. 그리고 정육면체 상자의 한쪽 면에 양면테이프를 붙인 판을 덧댄다.(초파리의 크기가 매우 작기 때문에 활동 영역의 부피를 줄이기 위해 아크릴 상자를 반으로 나눈다.)

② 양면테이프를 붙인 판이 있는 쪽에 초파리를 넣는다. 한 실험 당 초파리는 40마리씩 사용하며, 초파리를 넣은 직후 우드락 보드로 뚜껑을 막는다.

③ 아두이노를 이용하여 밝힌 파란빛 LED를 양면테이프가 붙은 아크릴 판이 있는 상자의 면으로 가까이 가져가서 10분 동안 기다린다.

④ 양면테이프로 덮인 판에 붙은 초파리의 개수를 센다. 판에 붙은 초파리를 정확하게 세기 위해 아래에 흰 우드락 판을 대었다.

⑤ 한 시간 대당 LED 밝기로 6단계로 나눠서 위 과정을 반복한다.

〈흰 우드락 판을 이용한 개체 수 세기〉

(4) 실험 결과

▶ 결과 해석

'6단계의 빛의 세기'에 대응하는 '테이프에 붙은 초파리 수'를 비율로 전환하여 가장 적은 수가 붙은 빛의 세기가 퇴치 효과가 가장 크다고 해석하였다. 빛의 퇴치 효과가 클수록 초파리는 빛에서 멀리 떨어지려고 할 것이기 때문에 테이프에 붙은 초파리 수는 줄어들 것이다. 깔끔한 데이터 처리를 위해 '테이프에 붙은 초파리의 수'는 전체 초파리의 수(40마리)로 나누어 백분율로 전환하였다.

▶ 시간대별 결과

실험을 통해 나온 결과를 표와 그래프로 정리하였다. 하지만 그래프의 경우 실험을 통해 나온 결과는 각 6단계의 빛에 해당하는 테이프에 붙은 초파리 수이기 때문에 점들이 분산된 상태의 그래프가 나오게 된다. 따라서 그래프를 연속적인 함수로 만들기 위해 점들 사이를 선분으로 이어 꺾은선 그래프를 만들었다.

오전 10시~11시			
실험 결과		그래프	
밝기(x축)	붙은 비율(%)(y축)		
240	30		
194	25		
148	10		
102	10		
56	5		
10	50		

오전 10시 ~ 11시

오후 3시~4시

실험 결과		그래프
밝기(x축)	붙은 비율(%)(y축)	
240	30	
194	10	
148	5	
102	22.5	
56	27.5	
10	20	

오후 3시 - 4시

오후 6시~7시

실험 결과		그래프
밝기(x축)	붙은 비율(%)(y축)	
240	37.5	
194	30	
148	35	
102	35	
56	17.5	
10	15	

오후 6시 - 7시

오후 10시~11시

실험 결과		그래프
밝기(x축)	붙은 비율(%)(y축)	
240	37.5	
194	30	
148	35	
102	35	
56	17.5	
10	15	

오후 10시 - 11시

▶ 최종 결과

기숙사 생활로 새벽에 실험을 진행하는 것이 현실적으로 어려웠다. 하지만 4개의 시간대만을 배열하여 아두이노에 적용할 경우 늦은 밤과 아침 사이에 공백기가 생기게 된다. 따라서 오후 10시~11시의 결과를 오전 10시~11시 앞에 추가하여 실험 결과가 끊기지 않도록 하였다.

4개의 시간대를 모두 합친 결과		그래프
시간	퇴치 효과가 가장 큰 세기	
오후 10~11시	102	
오전 10~11시	56	
오후 3~4시	148	
오후 6~7시	10	
오후 10~11시	102	

벌레 퇴치에 효과적인 빛의 밝기

(5) 아두이노 코드 작성

시간에 따라 실험 결과에서 얻은 알맞은 빛의 세기를 방출하는 아두이노 코드를 작성하였다.

(6) 시제품

3D 프린팅 기술을 사용하여 시제품을 제작하였다. 총 네 번의 모델링을 통해 프린트 과정, 세부적인 수정을 거쳐 최종 모델(네 번째 모델)을 완성하였다.

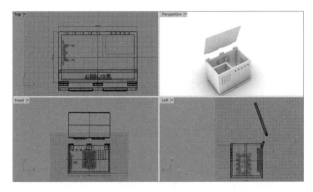

〈첫 번째 모델링〉

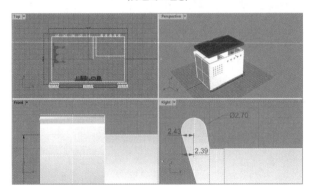

〈두 번째 모델링〉

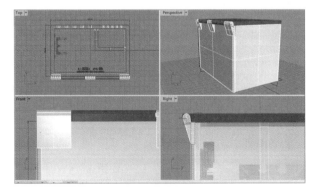

〈세 번째 모델링〉

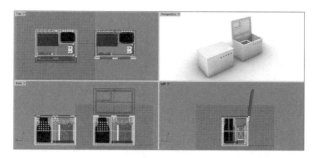

〈네 번째 모델링〉

▶ 4번의 모델링 과정에서 수정 사항

① 첫 번째 모델링 → 두 번째 모델링

중심이 맞지 않아 뚜껑을 열고 닫을 때 간섭이 생겨서 불편한 부분을 개선하였다. 뚜껑 안쪽과 방향제를 넣는 부분 사이에 간격이 벌어져 외부에 만들어둔 구멍 이외의 공간으로 향이 새는 것을 막기 위해서 뚜껑 안쪽으로 가이드를 설치하여 방향제의 향이 외부 구멍으로만 빠져나가도록 개선하였다.

② 두 번째 모델링 → 세 번째 모델링

기존 흰색 PLA 플래티넘과 다르게 나무색에 가까운 PLA 플래티넘으로도 프린팅을 해보았다. 그러나 LED 불빛이 반사가 되지 않아서 LED의 효과가 떨어졌다.

③ 세 번째 모델링 → 네 번째 모델링

아두이노와 배터리 케이스가 들어가는 부분에 레일을 설치해서 아두이노와 배터리 케이스를 레일을 통해 쉽게 뺄 수 있도록 설계하였다.

▶ 최종 프린트 결과

〈첫 번째 모델〉

〈두 번째 모델〉

〈세 번째 모델〉

〈네 번째 모델〉

(7) 시제품 제작 결과 정리

PLA플래티넘	45,000×2=90,000원
아두이노	12,700원
LED & 전선	5,000원
기타부품	21,000원
배터리	2,000원
총계	130,700원

〈시제품 4개 제작에 들어간 비용〉

부품의 비용들만 계산한다면 시제품 제작(Mock-up) 단계에서 130,700원을 사용하였다. 본 프로젝트에서 만든 제품을 실제로 공장에서 생산한다면 금형틀을 제작해야 한다. 내부에 들어가는 구성 요소와 본체, 뚜껑의 금형틀을 모두 만든다고 하였을 때 정확한 견적은 아니지만 총 4,200만 원의 비용이 필요할 것으로 예상된다. 금형틀 제작이 한 번에 완성되기 어렵기 때문에 두 번에 걸쳐서 완성한다고 하더라도 8,400만 원의 비용이 필요하다.

이에 덧붙여 인건비, 개발비, 홍보비, 물류비, 재고비용, A/S 비용 등이 추가로 필요할 것이다. 이 비용을 정확하게 예상할 수 없지만, 대개 mock-up 제작비용의 4배가 필요하다고 예상할 수 있다. 따라서 생산 이전까지의 과정에 지출한 금액은 84,130,700원+84,130,700원×4=420,653,500원 가량 될 것이다.

제품의 가격을 30,000원으로 정하고 제품 하나당 15,000원의 순이익을 내고자 한다고 하자. 제작비용 420,653,500원을 충당하기 위해서 약 28,044개의 제품을 팔아야 한다. 공장을 새로 건설하지 않고 전문 생산설비 라인 임대공장을 이용한다고 할 때 일반적으로 판매가의 10%를 요구한다는 점을 고려하면 개당 3,000원을 지급해야 한다. 따라서 개당 순이익 15,000원을 내기 위해서는 개당 재료비를 12,000원으로 낮춰야 한다. 대량생산을 통해 많은 양의 재료를 한꺼번에 구입한다면 개당 재료비를 이 수준으로 낮출 수 있을 것이다. 28,044개의 제품 이상을 판매한다면 이미 생산 이전 단계에서 소모한 비용을 모두 충당한 뒤이기 때문에 제품 한 개를 팔 때마다 15,000원의 순이익이 발생할 것이라고 예상할 수 있다.

또한 제품 생산 이후에 기존 제품을 수정한 버전의 제품을 만들 때에는 앞선 생산 이전 단계에서 발생한 비용(시제품 제작, 금형틀 제작)보다 매우 적은 비용(대략 10%정도 비용)이 발생할 것이다. 따라서 수정한 버전의 제품을 새로 생산하여 판매할 때에는 순이익이 더욱 늘어날 것이라고 예측할 수 있다.

4 결과

(1) 한계점

빛의 세기를 전체 구간 256을 일정한 간격으로 6개 단계로 나누었기 때문에 본 실험으로 구한 밝기가 최적의 밝기라고 할 수 없다. 예를 들어 오전 10시~11시 사이에 진행된 실험에서는 102의 밝기가 가장 효과적이라고 나왔지만, 실제로 가장 적합한 빛의 밝기는 110일 수도 있다. 실험을 통해 알 수 있는 것은 102가 다른 5개의 단계보다 최적의 밝기에 가깝다는 것뿐, 초파리가 가장 기피하는 최적의 밝기가 맞다고 확신할 수 없다. 이를 보완하려면 빛의 단계를 더 세분화해야 하는데 이는 한정된 실험 자원을 가지고 있는 팀원들의 입장에서 실현하기 힘들었다.

얻은 데이터가 불규칙적으로 분포되어 있기 때문에 그래프의 각 점들 사이를 선분으로 이은 꺾은선 그래프로 추세선을 얻었다. 하지만 이는 단순히 두 밝기 사이의 벌레 퇴치량 분포가 직선일 것이라고 가정한 것이다. 실제 그래프는 추세선과 비슷한 경향성을 보이기는 하겠지만, 추세선은 실제 그래프라고 단정 지을 수 없다. 이를 해결하기 위해 시간대를 더 세분화하면 되지만, 위의 경우와 마찬가지로 훨씬 더 많은 실험 자원이 필요하게 된다.

또 기숙사 방침상 새벽 중에는 외출이 금지되어 실험이 불가능하기 때문에 새벽 시간은 추세선을 통해 짐작하는 것이 최선이다. 따라서 오후 10시~11시에 진행한 실험을 오전 실험의 앞쪽에 추가하여 두 점을 잇는 방법을 사용했다. 물론 이 방법을 사용해도 새벽 시간의 정확한 데이터는 알 수 없지만, 하루의 모든 시간을 추세선으로 표현할 수 있게 되고 하루가 넘어갈 때 아두이노의 데이터가 끊기지 않는다.

또한 시제품을 만들었지만 코로나19 사태로 인해 학교에 오래 머물지 못하여 실험을 진행할 수 있는 기회도 현저히 적어 시제품의 효과에 대한 실험을 계획하였지만 진행하지 못하였다.

(2) 개선점 및 향후 전망

첫째, 본 프로젝트를 통해 만든 이 장치를 통해서 캠핑장처럼 벌레가 많이 나오는 장소를 방문하였을 때 하루 종일 휴대하면서 가장 효과적인 벌레 퇴치에 성공할 수 있기를 기대한다. 주변 지자체에 제품을 보급하여 효과에 대한 검증을 진행하고, 실제 상품으로서의 가치를 가질 수 있도록 시제품을 발전시켜야 한다.

둘째, 지금까지 본 연구원들의 실험은 초파리를 대상으로 연구되었기 때문에 실제 환경 속에 다양하게 존재하는 벌레들에게도 적용될지 확신할 수 없다. 따라서 다른 벌레들에 대해서도 적절한 빛의 세기의 수준을 실험을 통해 조사하여 평균적인 벌레 퇴치에 가장 효과적인 방법을 연구해야 할 것이다.

셋째, 본 실험의 한계점들을 해결하는 것이 중요하다. 앞서 언급하였듯이 먼저 주위 환경 영향을 고려한 정밀한 실험이 필요하다. 또한 정교한 데이터 분석을 위해서 실험을 더욱 많은 횟수로 반복하여야 한다. 이를 통해 시제품의 효과를 더욱 향상시켜야 할 것이다.

★

팀원들과의 인터뷰

Q. 팀 구성은 어떻게 하였나요?

처음에는 과학적인 요소를 고려하여 기존에 있는 법을 수정하는 것을 주제로 했었다. 이를테면 뇌과학적인 요소를 고려하여서 게임 셧다운 시간을 10시로 정하는 것이 과학적인지, 혹은 술을 마실 수 있는 연령을 19세로 정하는 것에 과학적인 근거가 있는지를 확인하여 법을 수정하는 주제를 정했었다. 그래서 물리와 생물 전공의 국제 자연, 국내 자연계 친구와 법과 문과적인 부분을 커버할 수 있도록 인문반 친구가 함께했다.

Q. 지도교사를 정한 기준은 무엇이었나요?

처음에 법과 과학에 대해 주제를 잡고 있었을 때는 다른 선생님을 생각하고 있었다. 그런데 의논하는 과정에서 융합 프로젝트의 특성상 가시적인 산출물이 있어야 하는데, 법을 과학적인 요소를 고려하여 수정하는 것은 단순히 국회에 수정을 제안하거나 우리의 연구를 정리하는 것 밖에 나올 수 없다고 생각하였다. 그래서 주제에 대해서 의논

한 끝에 넛지 효과(Nudge effect)를 사용하여 학교를 더 개선할 수 있는 방안에 대해서 연구하자는 의견 등이 나왔고, 민사고 기숙사에 있는 많은 벌레를 퇴치하는 기구를 만드는 것으로 주제를 바꾸게 되었다. 이에 가장 전문성을 가진 선생님께 부탁드렸다.

Q. 팀원 역할 분배는 어떻게 하였나요?

팀을 구성할 때 이 주제를 고려하고 만든 것이 아니기 때문에 역할 분배에 많은 변화가 있었다. 나는 전반적으로 프로젝트의 계획을 잡고, 산출물을 어떤 방식으로 어떻게 산출할지 계획했다. 제품 제작을 위한 실험을 했었는데, 이 실험이 생각보다 늦게 끝나서 시제품을 실제로 만들 시간이 부족하였다. 이때 3D 프린터를 통해서 빠르게 시제품을 만들 수 있는 방법에 대해서 알아냈고, 결국 시제품을 출력할 수 있었다. 그 외에도 실험하는 날짜 계획 및 스케줄 조정 등을 담당하였다. 또한 모기와 파리 각각 100마리를 공수하기 위해서 질병관리청에 연락하는 일도 담당했다.

다른 친구는 모기와 파리 관리 및 실험 과정에 있어서 생물학적인 요소를 담당하였다. 모기와 파리의 일주기성 리듬이 어떻게 변하는지, 어떤 빛과 향이 벌레 퇴치에 있어서 필요한지 조사하는 역할을 하였다. 나머지 친구들은 실험에서 아두이노를 활용하여 빛의 세기를 조절할 때 코드를 작성하는 것을 담당하였고, 3D 프린팅 설계도를 작성하였다.

Q. 융합 프로젝트에 열심히 참여한 동기는 무엇이었나요?

23기 선배들의 모습을 보고, 내가 융합 프로젝트에 참여하는 모습을 상상하고는 했다. 그만큼 나만의 융합 프로젝트를 하는 것에 대한 기대가 있었기 때문에 융합 프로젝트에 열심히 참여할 수 있었던 것 같다. 그리고 다른 친구들도 마찬가지겠지만 수상 내역이나 생활기록부 기록 등의 인센티브도 컸던 것 같다.

Q. 진행 과정에서 갈등이 있었나요?

큰 갈등은 없었다. 실험을 할 때에 모기와 파리의 상태를 확인하기 위해서 기숙사에서 다산관까지 하루에 세 번씩 내려가야 했는데, 그게 너무 귀찮았다. 그래서 공평하게 누가 몇 번 내려갈지 계획을 세웠다. 갈등보다는 의견 차이가 있었는데, 실험이 늦게 진행되게 되면서 산출물을 만들 시간이 부족했다. 3D프린터로 빨리 출력을 해서라도 산출물을 만들자는 의견과 실험 결과를 잘 정리하는 것으로 끝내자는 의견이 있었다. 기말고사 시험을 2주 앞둔 상황이라 더 고민했는데 결국 산출물을 만들게 되었다. 팀원들이 각자 바쁘고 할 일이 많기 때문에 조율 과정을 통해 역할을 분배해서 모두가 팀에 공평하게 기여할 수 있도록 하는 것이 필요하다는 점을 배울 수 있었다.

Q. 융합 프로젝트 시간 이외의 시간을 활용하였나요?

엄청 많이 썼다. 기본적으로 3시간 이외에도 2시간은 더 썼던 것 같다. 심지어 실험을 하던 기간에는 주말 이틀 동안 하루 종일 실험만

했다. 이때는 하루에 10시간씩 주말 20시간을 썼다. 또 온라인 수업을 하는 기간에 스터디 카페에서 만나서 3시간씩 3D 프린팅에 대한 논의를 하기도 했다.

Q. 예산은 계획대로 되었나요?

비슷하게 흘러가지 않았다. 예를 들어 처음에는 만들어진 LED 조명을 사거나 만들어진 수조 같은 것을 사서 실험을 진행하려고 했는데, 구체적으로 조사를 하다 보니 더 넓은 실험 공간이 필요해서 대형 아크릴판을 사서 본드를 이어 붙여 만들었다. 그리고 더 섬세한 조명의 조절이 필요해서 만들어진 LED 조명이 아니라 아두이노를 통해서 조명의 세기를 조절할 수 있도록 하였다.

가장 힘들었던 점은 실험이 어떻게 흘러갈지, 실험의 결과가 어떻게 나올지, 이에 따라서 시제품을 제작하는 데에 비용이 얼마나 들지 예측하기가 힘들다는 것이었다. 예산 계획은 120만 원이어서 200만 원이라는 예산이 부족한 팀은 아니었지만, 프로젝트를 진행하기 이전에 예산에 대한 계획을 모두 세우는 것이 현실적으로 힘들었다. 또 좀 더 좋은 3D 프린팅을 하려 했다면 더 많은 예산이 필요했을 것 같다.

Q. 질병관리청에서 벌레를 공수했던 경험을 자세하게 말해 주세요.

처음에는 모기나 파리를 100마리씩 구하는 데 상당한 예산이 필요할 줄 알았다. 그런데 찾아보니 질병관리청에서 무료로 구할 수 있었다. 먼저 학교에서 승인을 해주어 공문을 보내면 연구 목적인지 확인한 뒤에 질병관리청에서 모기와 파리를 준다. 질병관리청의 위치가 학교에서 매우 멀어서 부모님께 부탁을 드려 모기와 파리를 가져왔다.

모기와 파리는 온도와 습도에 굉장히 민감하기 때문에 조금이라도 온도와 습도가 안 맞으면 죽을 수 있다고 안내를 받았는데 학교에서 온도와 습도를 일정하게 유지해 줄 수 있는 장치나 공간이 없었고, 생각보다 날씨가 추웠다. 그리고 안내사항을 전달받고 생물 실험을 많이 한 친구에게 습도를 맞춰 달라 했는데, 이 과정에 전달이 제대로 안 되서 온도와 습도를 일정하게 유지하지 못한 탓에 모기와 파리를 구한 다음날 확인하러 갔을 때 이미 모두 죽어 있었다. 정말 허탈했다. 모기와 파리의 보관에 대한 팀원 모두의 짧은 지식에 기인한 것이었기 때문에 누구를 탓할 수도 없었다.

그렇게 실험을 하지 못하게 된 다음날에 어떻게 할지 토론을 했는데 생물을 잘하는 친구가 초파리가 온도와 습도에 덜 예민하니 초파리로 하자고 제안해 결국 초파리로 실험을 다시 진행하기로 했다.

Q. 실험을 했던 과정에 대해서 설명해 주세요.

최종 실험을 이틀에 걸쳐서 아침, 점심, 저녁에 세 차례 했다. 모기와 파리를 한 번 다 죽이고 난 이후에 온도에 굉장히 예민했다. 그래서 처음에는 밖에서 실험을 하려고 하다가 실내에서 실험을 했다. 처음에 밖에서 하려고 했던 이유는 아침, 점심, 저녁으로 외부 밝기가 다르기 때문에 일주기성 리듬을 확인하기 위해서였다. 그런데 너무 추워서 실내에서 불을 끄고 켜는 식으로 밝기를 통제했다.

처음에는 한 번 실험할 때 30분이면 될 줄 알았다. 그런데 종이컵에 10~20마리씩 담긴 모기와 파리를 우리가 아크릴판으로 직접 제작한 투명 상자에 수차례씩 넣었다 뺐다 하는 것은 쉬운 일이 아니었고, 굉장히 오래 걸렸다. 그리고 실험에 조명이나 향을 설치하고 고정하는 것도 쉬운 일이 아니었다. 그래서 첫 실험을 하는 데에 4시간이 걸렸다. 이후에는 1시간, 50분으로 줄어들더니 마지막에는 20분 만에 실험을 끝냈다. 끝나고 나서 너무 힘들어서 뻗어버렸다.

Q. 프로젝트가 '융합'이라는 테마에 어느 정도 부합한다고 생각하나요?

단순히 여러 분야들을 모두 활용한 것이 융합이라면 부합한 것 같다. 예를 들어서 기본적으로 생물이라는 분야, 컴퓨터 코딩, 3D 프린팅 등 많은 요소들을 융합하였다. 그런데 우리는 실험 결과를 정리하고 분석을 하기 위해서 그래프를 그리고 수학적으로 분석을 했었다. 수학이나 통계학이 융합되었다고 말하기는 그렇지만 결국 벌레 퇴치기라는 하나의 결과물을 내기 위해서 필요한 작업들이었다. 이 과정에서 무언가를 만드는 것은 융합이 아닐 수 없겠다고 생각을 했다. 핸드폰 만드는 것도 융합, 책상 만드는 것도 융합, 필통 만드는 것도 융합이다. 뭐든지 만들 때 하나의 분야만 활용되는 경우가 없는 것 같다. 이런 점에서 융합의 의미가 무엇인지에 대해서 다시 생각해 보게 되었다.

Q. 다시 팀을 짠다면 또 이 팀으로 진행할 건가요?

벌레 퇴치기라는 주제가 아니라 다른 주제를 생각하고 팀을 구성하였기 때문에 프로젝트를 진행하면서 본인들의 전공과 멀어진 느낌이 있었다. 나는 전체적으로 관리하는 역할을 맡아서 사회과학이나 경제, 경영 지식을 활용하지 않았다. 처음에는 제품을 만들어서 상품으로 도입을 하는 것까지 생각했기 때문에 전공이 도움이 될 수 있을 것 같다고 생각했지만, 결국은 하지 못했다. 또한 전문적으로 법에 관련된 도움을 줄 수 있을 것으로 기대한 친구는 컴퓨터 코딩을 했다. 물리를 전공하는 친구도 컴퓨터 코딩을 했다. 그렇기 때문에 다시 팀을 짠다면 이렇게 짜지는 않을 것 같다.

Q. 팀을 구성하는 데 있어서 가장 중요한 점은 무엇인가요?

팀원들이 서로 끈끈한 유대감은 없었던 것 같다. 그래서 함께 실험을 하고 프로젝트를 진행하는 시간이 많았음에도 재밌다기보다는 조금 힘들었다. 따라서 팀원들 간의 화합과 시너지가 중요하다고 생각했다. 단순히 각 분야에서 출중한 사람으로 구성하는 것만이 아니라 유대감을 키우고 프로젝트를 진행하는 과정이 즐거워야 한다고 생각했다.

Q. 융합 프로젝트 대신 일반 교과 수업을 추가할 수 있다면 어떻게 할 건가요?

추가하지 않을 것 같다. 내가 교과 수업 때 배운 지식과 능력들을 실제로 활용해 보고 만들어 볼 수 있는 시간이 융합 프로젝트 시간이라고 생각한다. 혼자 공부하는 시간뿐만 아니라 서로 다른 분야의 사람들이 공동의 목표를 가지고 함께 머리를 맞대고 노력하는 과정이 소중한 경험인 것 같다.

Q. 융합 프로그램을 해보고 나서 '융합'의 개념은 어떻게 달라졌나요?

융합이 그냥 몇 개 분야를 섞는다고 되는 것은 아닌 것 같다. 앞서 말했듯이 융합이 아닌 것이 없다고 생각한다. 수학만 공부하고, 영어만 공부하는 것이 아닌 이상 무언가 분석하고 만들기 위해서는 반드시 여러 분야에 대한 지식이 필요할 수밖에 없다.

융합 프로젝트 발표를 하면서 창업 박람회 같다는 생각을 했다. 각자의 팀이 자신의 산출물을 개발한 뒤에 여러 명의 투자자들에게 어필을 하는 것 같다. 회사만 보아도 그렇다. IT기업이라고 해서 코딩 전문가만 있는 것은 아니다. HR(인사)을 담당하는 사람도 있고, 회사의 Finance(재무)를 담당하는 사람도 있다. 이런 의미에서 이들은 이미 융합을 하고 있는 것이다. 우리 사회에서 무언가 만든다는 것 자체가 이미 한 학문의 경계를 넘지 않는다면 불가능한 일이다.

민사고의 융합 프로젝트가 정체성을 가지기 위해서는 왜 우리가 융합이라고 부르는지 확고하게 해야 할 것이다. 내가 생각할 때 융합의 의미는 다양한 분야의 사람들의 지식이 무언가 만드는 데에 녹아 들어가 있다면 굳이 그것이 명시적으로 A와 B의 결합이라고 하지 않더라도 융합이라고 할 수 있는 것 같다.

Q. 마지막으로 덧붙이고 싶거나 후배들 혹은 외부에서 민사고에 오고 싶은 학생들에게 우리 학교의 융합 프로젝트에 대해서 해 주고 싶은 말이 있다면 해 주세요.

소중한 시간이 될 것이라는 말을 하고 싶다. 열심히 한다면 학교 생활을 뒤돌아볼 때 가장 기억에 남는 활동이 된다고 생각한다. 나도 그래서 자기소개서에 많은 부분을 융합 프로젝트에 대한 내용을 작성하였다.

민사킬라 프로젝트로 본 융합교육

"융합은 문제 해결(Problem-solving)에 초점을 맞춘다!"

민사킬라 프로젝트는 융합이 본질적으로 공통으로 해결해야 할 문제가 있을 때 일어난다는 것을 잘 보여주는 사례라 하겠다. 민사킬라는 민사고가 위치한 자연환경으로 인해 학생들이 맞닥뜨리는 많은 곤충과 벌레라는 문제점을 단순히 생물학적 지식이 아닌 프로그래밍(정보) 및 공학 기술, 지식을 통해 풀고자 했다. 이러한 점은 해결하고자 하는 문제가 실생활에 밀접하게 연결되어 있으며, 현재의 학문적 분과 구조로는 해결할 수 없는 복잡한 구조일 때 융합의 가능성이 커진다는 사실을 시사한다.

Menken&Keestra(2016)는 "문제를 개념적으로 정의하고 프레임을 만드는 데 융합적 사고가 필요하다"고 주장한다. 이는 융합적 사고야 말로 문제를 하나의 학문을 떠나서 새롭게 정의할 수 있고 새로운 말과 용어로써 논의할 수 있게 되기 때문이다.

다음은 융합적 사고를 통해 문제를 정의할 때 던질 수 있는 질문을 정리한 것이다. 다음과 같은 질문을 던짐으로써 융합교육과정의 학습자는 문제에 대한 창의적 인식(creative cognition)을 갖게 되는데, 이러한 과정을 통해 종래의 일의 방식을 부정하고 다양하고 대체적인 방식을 찾으려는 시도를 즐겨 하는 확산적 사고(divergent thinking)을 하게 된다.

문제 정의를 위한 질문

- 제시된 문제의 유형은 무엇인가?
- 그 문제에 속한 연구/학문적 질문의 유형은 어떤 것인가?
- 어떤 유형의 연구 접근법이 사용되었는가? (귀납/생산적인 추리 설계)
- 어떤 유형의 해결 방안이 생성되었는가?
- 어떤 유형의 결과가 학습 과정을 추진하도록 하는가?
- 프로그램 설계에 있어서 어떤 통합적인 특징들이 사용되었는가?
- 통합적 특징을 현실화하기 위해 어떤 유형의 활동이 사용되는가?
- 어떤 유형의 활동이 스킬/지식 개발을 가능하게 하는가?
- 이러한 특정 상황에서는 어떤 종류의 인력이 필요한가?

출처: Renate G. Klaassen (2018) Interdisciplinary education: a case study, European Journal of Engineering Education, 43:6, 842–859, p.857

이런 확산적 사고를 분석하면서 Porter and Rossini(1984)[2]는 융합적 문제 해결 방법을 위해 다음과 같은 STRAP 체계를 제시하였다.

Multi-skill, problem-focused research dimensions 다양한 기술, 문제 중심의 연구차원	
S	Substantive Knowledge Elements (실질적인 지식 요소) − 'Frontier professional' understanding ('프런티어 프로페셔널' 이해) − 'Textbook' understanding ('교과서' 이해)
T	Technique (기술) − 'Expert' level ('전문가' 레벨) − 'Technician' level ('정비사' 레벨)
R	Range (범위) − Those routinely reside within an established research area (확립된 연구 영역 내에 일상적으로 나타난 범위) − Those drawn from research areas other than but within the same broad intellectual area (동일한 광범위한 지적 영역 이외의 연구 영역으로부터 도출된 것) − Those associated with research areas notably different from established ones (기존 연구 분야와 확연히 다른 연구 분야)
A	Administrative Unit Complexity (관리 단위 복잡성) − Single unit (단일 단위) − Multiple, linked units (report to the same higher administrator) (연결된 여러 장치(동일한 상위 관리자에게 보고)) − Multiple, dispersed units (여러 개의 분산된 장치)
P	Personnel (인사부) − Single individual (단일 개인) − Quasi-permanent team (e.g., a lab) (준상설팀(예:실험실)) − Ad hoc project team (임시 프로젝트 팀)

〈STRAP 체계〉

---

2   Porter, A. and Rossini, F. (1984). Interdisciplinary research redefined : Multi-skill, problem-focused research in the STRAP framework. R&D Management, 14, 105-111.

STRAP 체계는 문제 해결을 위해 필요한 실질적인 지식, 기술, 행정, 조직, 인재 등에 대한 분석을 기본으로 하는데, 175쪽의 표에서 보이는 바와 같이 융합적 문제 해결 방식은 이러한 다양한 옵션이 있다는 사실을 인식하고 전통적인 분야 혹은 방법을 뛰어넘어 다른 분야의 지식, 기술, 행정, 조직, 인재 등을 적극적으로 활용할 것을 나타낸다. 이처럼 융합적 문제 해결 방식은 기존의 학문 체계를 뛰어넘고 해결해야 할 문제를 사회에서 사람들이 느끼고 생각하는 그대로 받아들일 것을 요구한다.

새로운 아이디어와 생각들은 이처럼 학습자가 현존하는 모델에 맞지 않은 새로운 데이터를 관찰하게 되며, 이를 설명하기 위해 노력하게 될 때 생겨난다. 이러한 과정에서 중요한 과정은 학습자가 "어, 이상하다. 내가 이 학문에서 옳다고 배운 것과 들어맞지 않네? 그럼 이런 현상을 어떻게 설명해야 하지?"라고 느끼는 순간이다. 이러한 난감한 순간(feeling odd moment)을 즐기고 이를 통해 나와 다른 시각과 해석 그리고 이론 및 방법을 가진 사람들과 함께 해결책을 탐색해 가는 과정이 바로 융합의 핵심이라 할 수 있다.

민사킬라 사례야말로 학생들이 이러한 불편하고 곤란한 순간을 피하지 않고 실패로 인식될 수 있는 순간에도 끊임없이 다른 시도를 통해 문제를 해결하려고 했던 전형적인 창의적 융합적 사고의 전형을 보여준다고 할 수 있다.

6장

**셜레발 프로젝트
– 융합은 실행과 반복**

설레발 프로젝트 소개

설레발 프로젝트는 융합 프로젝트의 취지인 '생활 속의 편의'를 증진시키는 것뿐만 아니라 보다 나은 세상을 만드는 데 기여할 수 있는 아이디어를 구체화시키고 실현하는 것을 목표로 한 팀이다.

현재 가장 심각하게 여겨지는 제3세계의 문제는 기아, 식수 부족 등이다. 이러한 문제에 대해서는 이미 충분한 자본력과 경험을 바탕으로 한 국제기구들이 꾸준히 대규모 프로젝트를 진행하고 있다. 이에 팀원들은 국제적으로 잘 알려진 문제보다 겉으로 드러나지는 않았지만 반드시 해결되어야 할 문제에 집중하기로 하였다.

팀원들 중 일부가 2019년 여름, 동아리 봉사활동의 일환으로 캄보디아에 방문한 것이 계기가 되었다. 수도 프놈펜에서 약 한 시간 반

정도의 거리에 위치한 '캄퐁포'라는 시골 마을이었는데, 아이들이 생활하는 환경을 보고 적잖이 충격을 받았다. 거의 대부분의 아이들이 해진 신발을 신거나 신발을 신지 않은 상태로 마을 곳곳에서 뛰어놀고 있었다.

차들이 지나간 자리의 진흙이 그대로 굳어 균형을 잡고 걷기도 힘들고 발목을 삘 위험도 높았다. 무엇보다 크고 작은 유리 조각부터 금속 파편에 철사까지, 낡은 신발이나 맨발로 뛰놀기에는 정말 위험한 환경이었다. 실제 봉사를 하던 팀원 중 한 명은 길이 5cm 정도의 옷핀이 발바닥에 박히기도 하였다. 이런 상황은 아이들에게 외상뿐만 아니라 2차 감염까지 우려되는 상당히 위험한 상황이었다.

아이들이 신발을 신지 않는 이유는 신발의 중요성을 몰라서라기 보다 가격의 영향이 컸다. 지나치게 저렴한 신발은 신발로 제 기능을 하지 못했고, 어느 정도의 품질을 갖춘 신발은 그들에게 너무 비쌌다. 그래서 팀원들은 봉사활동에서 만났던 캄보디아 아이들을 떠올리면서 '적정기술 신발 제작'을 목표로 설정하게 되었다. 여기서 적정기술의 정의는 저렴한 가격으로 제공됨으로써 경제적 형편이 어려운 사람들에게도 접근성을 높이고, 더 많은 사람들이 가격의 제약 없이 기술을 통해 삶의 질을 향상시킬 수 있도록 하는 기술이다.

프로젝트의 가장 첫 단계부터 팀원들이 주목하고자 했던 것은 '낮은 제작 단가'였다. 팀원들은 신발의 밑창을 더 이상 일상생활에서 사용되지 않는 재료들을 재활용하였다. 특히 설레발 프로젝트에서 가장 신경 쓴 것은 '신발 밑창의 접지력'과 '충격 완화 효과'로 캄보디아 현지의 환경을 고려했을 때 가장 중요한 부분들이었다.

최종 산출물은 단순히 일반적인 신발과 동일한 수준의 기능을 갖는 것을 넘어 지역적 특징을 고려한 구조를 갖추고 있다. 스트랩 사이에 빈 공간을 더 많이 두어 통풍 효과를 극대화하거나 신발을 쉽게 건조할 수 있도록 펼칠 수 있는 구조로 만든 것은 이 팀의 최종 산출물만이 갖는 특징이라고 할 수 있다.

프로젝트 진행 과정

1 연구 목표 설정

팀원들은 보다 효율적인 프로젝트 진행 및 성과 측정을 위해 크게 세 가지 하위 목표를 잡아 프로젝트를 진행했다.

첫째, 내구성이다. 우리가 목표로 하고 있는 캄보디아의 시골 외곽 지역은 도로가 잘 정비되지 않아 지형이 험난하고, 토양의 질 자체가 거칠어 내구성이 낮은 신발은 오래 신는 것이 불가능하다. 게다가 신발이 망가졌을 때 수리할 수 있는 재료나 도구가 충분하지 않았다.

둘째, 지역 특화성이다. 본 연구는 단순히 경제적 형편이 어려운 사람들을 목표로 하는 것을 넘어 캄보디아라는 하나의 구체적인 지역을 위해 만들어진 신발이다. 따라서 캄보디아 외곽 지역 현지의 자연환경 및 인문환경, 생활양식, 관습 등에 대한 철저한 조사가 선행되어야 하며, 이를 바탕으로 지역 사람들이 꾸준히 신을 수 있는 신발을 제작해야 한다.

셋째, 가격이다. 아무리 성능이 뛰어나고 품질이 좋다 한들 제작 단가가 너무 비싸 저렴한 가격에 제공할 수 없다면, 결국 가장 근본적인 문제를 해결할 수 없다. 따라서 제작에 투입되는 재료의 가격을 최대한 줄이고, 그 과정을 간소화시킴으로써 최대한 저렴하게 제공할 수 있도록 해야 한다.

2 선행 사례 연구

'적정기술 신발'이 비록 다른 분야에 비해 연구가 덜 진행되긴 했으나, 해당 분야에서 활동하고 있는 단체가 아예 없는 것은 아니었다. 가장 대표적인 곳이 바로 미국 NGO 중 하나인 Because International사였다. 해당 단체에서는 디자인, 설계 등 신발 제작과 관련된 경험이 있는 전문가들이 모여 지속 가능한 신발인 'Shoes that Grow'를 제작하고 있었으며 아프리카, 동남아시아, 남아메리카 등 세계 각국의 기관들과 협력하며 신발을 보내고 있다.

이 신발의 기본 원단은 군용 천막과 비슷한 소재로 만들어져 방수가 잘 됨은 물론, 외부적인 충격에도 강한 내구성을 자랑한다. 신발의 형태는 최소한의 원단을 사용하나 발목과 발등, 발바닥을 고루 고정할 수 있고 적절한 위치에 구멍이 뚫려 있어 통풍 또한 원활했다. 무엇보다 가장 큰 특징은 신발이 그 이름처럼 버클과 벨크로로 정해진 범위 내에서 크기를 자유자재로 조절할 수 있고, 최대 5년간 신을 수 있다는 것이다.

〈Because International사의 'Shoes that Grow'〉

3 신발 형태 고안

(1) 신발 밑창의 재질

적정기술의 핵심은 경제적인 형편이 어려운 현지 사람들도 쉽게 구입할 수 있도록 하는 '낮은 가격'이다. 이를 바탕으로 시장 조사를 실시해 약 8개 정도의 후보군을 설정했고, 그중 군대 슬리퍼나 아쿠아슈즈 등에 널리 사용되는 EVA 재질이 단위 면적 당 가격이 가장 저렴하다는 것을 알게 되었다.

그러나 캄보디아 현지의 토양 성분을 조사한 결과 문제가 발생했다. 대부분의 빈민촌이 존재하는 캄보디아 북동부 및 서남부 지역의 토양에 풍화된 암석토(Lithosol)의 비중이 굉장히 큰 것으로 나타났다.

EVA 같이 상대적으로 연한 재질은 이러한 환경에서 충격을 효과적으로 완화하기 어려울 뿐만 아니라 마모될 확률이 높았다. 무엇보다 이러한 토양 성분 속에는 대개 탄저균(Anthrax)이나 파상풍(Tatanus) 등의 감염균이 분포하는데, 신발이 발을 제대로 보호하지 못한다면 사람들이 감염의 위험에 노출될 수 있었다.

지역 환경 역시 EVA가 감당하기에는 너무 위험하다고 판단했다. 구글 어스(Google Earth) 및 현지에 방문한 사람들의 기록을 조사한 바에 따르면, 빈민촌 곳곳에는 날카롭고 위험한 각종 폐기물 및 유리, 금속 파편 등이 널려 있었다. 결국 EVA를 충격 완화 재질로 사용한다고 하더라도, EVA를 감싸고 보호해 줄 수 있는 더 내구성이 강한 재질이 필요하다는 결론에 다다르게 되었다.

재질을 고민하던 중 한 기사가 눈에 들어왔다. 수많은 재활용 노력에도 불구하고 더 이상 사용할 수 없는 자동차 폐타이어의 수가 많아 곤란을 겪고 있다는 기사였다. 이에 EVA를 신발의 중창(밑창 바로 위에 존재하는 영역으로 충격 흡수를 담당한다)에 넣어 충격을 완화하고, 자동차 타이어로 겉을 감싸 마감 처리하는 방법을 떠올리게 되었다.

학교 내에서 자체적으로 타이어를 가공할 수 있는지 조사를 했는데, 자동차 폐타이어는 구하기 쉽지 않을 뿐만 아니라 절단하고 가공하기 위해서는 전문적인 장비를 동원해야 했다. 이에 자동차 타이어 재질의 강한 내구성을 가지면서도 우리 수준에서 가공할 수 있는 '자전거 폐타이어'를 떠올렸고, 이를 활용하기로 했다.

(2) 신발 밑창의 두께

시중에서 가장 흔히 구할 수 있는 15mm 두께의 EVA를 중창으로 사용함으로써 시험적으로 신발의 두께를 설정하였다. 그러나 직접 EVA 한 겹을 부착한 신발을 신어본 결과 충격을 충분히 완화하지 못했고, 이에 15mm EVA 원단 두 겹을 붙여 그 효과를 증대시키기로 결정하였다. 자전거 타이어의 재질은 평균적으로 10mm 이하로, 충격을 완전히 완화하기에는 그 두께가 충분치 않았다.

〈EVA 두 겹을 부착한 모습〉

(3) 신발의 전반적인 형태

기후 분류상 '열대 우림 기후'에 속하는 캄보디아에는 거의 매일 열대성 소나기인 스콜(squall)이 내린다. 비록 우리나라의 여름처럼 대기 자체가 습하지는 않지만, 비가 와서 신발이 젖고 통풍이 되지 않는다면 착용자의 발 건강에 해로울 수밖에 없다. 또한 캄보디아의 대표적인 풍토병들 중 일부는 특정 감염균이 사람들의 발과 발톱 사이에 난

상처를 통해 침투해 발병한다는 점을 고려하면, 통풍이 됨과 동시에 적당한 수준까지 발을 보호해 주어야 한다.

이에 현재 적정 기술계에서 신발을 제작하는 것으로 널리 알려진 Because International 사의 Growing Shoes를 참고하여 옆쪽에는 빈 공간을 두어 통풍이 가능하도록 하고 앞쪽에는 보호용 천을 덧대어 발을 보호하는 구조를 만들고자 했다. 특히 구체적인 디자인을 해나감에 있어서 과거부터 현재까지의 다양한 신발과 보조 기구의 구조들을 참고했다.

그중 발목 부상 환자용 발목 보호대가 넓은 스트랩을 이용해 발을 둘러싸는 형태를 취하고 있어 간편하면서도 충분히 안정적으로 발을 고정해 줄 수 있을 것이라고 판단되었다. 전체적인 형태를 참고하되, 재질에 변화를 주고 발목만이 아니라 발 전체를 안정적으로 잡아줄 수 있도록 디자인을 개선했다.

(4) 최종 설계 및 디자인

앞선 단계들에서 신발 제작의 최종적인 목표, 신발의 대략적인 형태, 신발에 사용될 재료들의 재질 등을 모두 고려한 결과, 최종적인 신발 디자인을 확정할 수 있었다.

우선 신발의 밑창에는 평균 두께 10mm의 자전거 타이어를 사용했다. 자전거 타이어는 산악자전거용과 도로용을 구분하지 않고 간단한 절단 및 압착 과정을 거친 후에 부착했다. 보다 유연한 움직임을 위해 시중에 있는 신발처럼 밑창 전체를 덮는 구조가 아닌 길쭉한 조각들

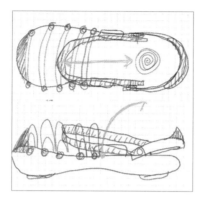

〈최종 도면(위/옆에서 본 모습)**〉**

을 평행하게 이어붙인 구조로 고안했다.

　신발의 중창에는 15mm EVA 두 겹을 사용하기로 결정했다. 앞선 간이 실험에서 EVA 한 겹으로는 현지의 거친 지형과 지면에서 오는 충격을 완화하기에 충분치 않고, 두 겹을 사용한다고 해서 원가에 큰 영향을 미치지 않는다는 것을 고려해 그와 같이 결정하게 되었다.

　착용자의 발목과 발등은 스트랩(폴리에스테르 섬유로 만들어진 끈)으로 고정하며, 그 구조는 위의 설계도에 명시된 바와 같다. 스트랩의 배치 구조는 시중의 운동화 및 그리스식 샌들의 구조를 모두 참고하였다. 재질은 내구도와 유연성 모두를 종합적으로 고려하여 '세 폭 직물'로 결정하게 되었으며, 스트랩은 플라스틱 버클로 연결된다.

　연구 마지막 보완 과정에서 추가되어 설계도 그림에는 반영되지 못 했지만, 착용자의 발가락을 감싸 보호해 줄 수 있는 얇은 고무 재질의 천을 추가로 덧대었다. 평상시 신발을 착용할 때는 스트랩 안으로 천을 넣어 발등과 발가락을 감싸고, 신발을 벗을 때는 분리하여 펼칠 수 있다. 이는 비가 자주 오고 습도가 높은 지역의 특징을 고려해 신발을 짧은 시간 안에 효과적으로 말릴 수 있도록 한 구조다. 또한 이 천은 상처 및 감염에 가장 취약한 발가락과 발톱을 보호하는 작용을 한다. 해당 천은 별도로 구매하지 않고 고무 튜브를 재사용했다.

4 신발 제작

(1) EVA/타이어 절단 및 가공

신발의 핵심인 밑창을 준비하기 위해 자전거 타이어를 가공하는 작업을 가장 먼저 실시했다. 자전거 타이어는 그 형태를 유지하기 위해 원형의 금속 철사가 부착되어 있는데 공작용 칼을 이용해 해당 철사를 분리했다. 철사가 워낙 강하게 고정되어 있고 그 두께가 상당해 제거하는 데 상당한 시간이 소요되었다.

철사가 분리된 타이어는 절단해 펼친 후 약 이틀 동안 무거운 물체로 눌러 형태를 평평하게 변형시키는 작업을 실시했다. 가공될 때부터 안쪽으로 굽어 있도록 만들어진 타이어를 곧게 펴기 위해 간이 다리미를 이용해 열처리를 하고, 무거운 물체로 눌러 형태를 변형시켰다. 최종적으로 정해진 기본 규격에 맞춰 조각으로 절단하였다.

EVA는 충격 완화를 담당하는 신발의 중창에 들어가는 만큼 타이어 못지않은 중요성을 가진다. EVA 역시 배송 과정에서 말려 있던 터라 굴곡이 심해 보다 원활한 제작을 위해 이틀 동안 간단한 열처리 및 압

〈신발을 가공하는 모습(왼쪽)과 가공된 EVA/타이어의 모습(오른쪽)〉

착 과정을 거쳤다. 다양한 규격에 따른 실험을 진행하기 위해 서로 다른 발 크기를 가진 표본 집단의 발 형태를 본떠 재단하였다.

(2) 밑창/중창 제작

신발 제작에 사용되는 타이어/EVA 가공이 끝난 후에는 본격적으로 밑창과 중창 제작을 시작했다. 보다 효율적인 사용을 위해 타이어 조각을 두 가지로 분류해 진행했다. 자전거가 움직일 때 지면과 접촉하며 마찰력을 유지하도록 돌기가 있는 부분과 자전거 타이어의 형태를 유지하는 돌기가 없고 매끈한 형태를 띤 부분을 나누어 사용했다.

  신발 밑창 전체를 돌기 달린 조각들로 만들면 매끈한 조각들이 버려져 재료의 낭비가 심하고 무엇보다 재료 대비 만들 수 있는 신발의 수가 줄어들기 때문에 두 가지 조각 모두를 고르게 사용했다. 돌기가 달린 조각들은 인체 구조상 지면에 가장 많이 접촉하고 마찰력을 필요로 하는 앞꿈치와 뒤꿈치에 부착했다.

〈고무 밑창을 중창에 부착한 모습(좌측)과 중창을 이중으로 접착한 모습(우측)〉

중창은 사전에 계획했던 바와 같이 15mm 두께의 EVA 두 겹을 겹쳐 제작했다. 그러나 제작 과정에서 사전에 준비한 접착제가 EVA를 제대로 붙이지 못하는 문제가 발생했다. 그래서 이를 대체하기 위해 신발용 접착제, 순간접착제, 목공용 접착제 등 여러 접착제를 시도해 보았고 이로 인해 많은 시간이 소요되었다. 실험을 진행한 결과 순간접착제의 효율성과 접착성이 가장 뛰어남을 알게 되었다.

접착제를 찾는 것에서 끝이 아니었다. 접착제의 양을 고려하지 않고 발랐다가 부드러운 중창에 접착제가 스며들어 뻣뻣해지고 신발을 착용할 때 균열이 발생했다. 이를 해결하기 위해 순간접착제를 타 접착제와 섞어 농도를 조절하고, 적절한 용량을 설정하고 도구를 사용해 넓게 펴가며 발랐다. 건조하는 과정에서도 무거운 물체를 올려두지 않고 손으로 직접 누르며 앞뒤로 반복적으로 휘게 하는 작업을 통해 EVA 본연의 유연성을 유지하고자 하였다.

(3) 스트랩 제작 및 결합

밑창과 중창을 완성한 후 착용자의 발을 안정적으로 고정해 줄 수 있는 스트랩 제작 및 결합 단계에 돌입했다. 착용자가 자신의 발 두께 및 크기에 맞춰 자유로이 사이즈를 조절할 수 있도록 플라스틱 버클을 결합했다. 본 단계에서 가장 큰 관건은 스트랩을 신발에 어떤 방식으로 고정할 것인가였다.

시중에 있는 신발들은 대개 스트랩을 신발 옆면에 바느질을 통해 고정하는 방식을 적용했지만, 전문적인 장비와 도구, 기술이 없다는 점에서 해당 방식을 적용하는 것은 어려웠다. 무엇보다 EVA 재질 자체가 바느질에 적합하지 않았다. 결국 설계를 일부 변경하여 스트랩을 이중 중창 사이로 통과시켜 고정하는 방식을 선택했다. 스트랩이 중창 사이를 통과해 발을 감싸게 된 만큼, 스트랩을 초기 계획보다는 많이 사용하게 되었지만 오히려 더욱 견고하게 발을 잡아줄 수 있는 구조가 완성되었다.

스트랩의 정확한 위치, 길이, 접착 강도 등은 제작 과정 중에 신발

〈스트랩이 결합된 신발을 옆에서 본 모습(좌측)과 위에서 본 모습(우측)〉

을 지속적으로 착용해 보며 조절하였고, 실제로 신발을 착용한 상태에서 발을 앞뒤로 구부려보거나 발목을 돌려보며 스트랩의 위치가 적당한지 지속적으로 실험을 실시하였다. 그 결과 발목, 발등, 발가락 세 곳에 스트랩을 고리 형태로 고정하는 최종적인 디자인이 완성되었다.

(4) 고무천 결합 및 마감 처리

밑창과 중창을 완성하고 스트랩까지 부착해 신발의 형태를 갖췄지만 발이 많이 드러나 길 곳곳의 위험요소에 여전히 취약하다는 단점이 존재했다. 그래서 발가락과 발등 부분을 보호하기 위한 고무천을 신발 앞부분에 덧대기로 결정하였다. 고무천은 더 이상 사용하지 않는 채로 남겨진 고무 튜브를 재단해 마련한 것으로, 그 굵기와 강도가 적당하고 세척 및 건조에도 용이해 선정하게 되었다.

고무천은 신발을 말릴 때의 용이함을 위해 완전히 신발에 고정시키기보다는, 신발 앞쪽에만 부착해 신발을 신을 때 발등과 스트랩 사이

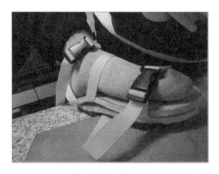

〈고무천을 결합하기 전 신발의 모습(좌측)과 결합 후의 모습(우측)〉

에 넣고, 벗을 때에는 넓게 펼쳐 건조하기 쉽도록 제작하였다. 마찬가지로 순간접착제를 사용해 결합하였다.

5 신발 성능 실험

완성된 신발이 시중의 신발 및 기타 신발들과 비교했을 때 어느 정도의 성능을 갖추고 있는지, 마찰력과 충격 흡수의 두 가지 측면에서 물리적으로 분석하였다.

(1) 마찰력 실험 진행

▶ 준비물: 신발 시제품, 도르래, 나일론 실, 흙바닥 세트, 추(50g, 100g, 150g), 실을 연결할 수 있는 물통, 물, 비커(100mL, 500mL), 전자저울, 나무 막대 2개

① 흙바닥 세트 위에 신발 시제품을 올려두고 나무 막대로 양옆을 슬며시 고정시킨다. 신발 시제품 중심 위에 50g짜리 추를 올려둔다.

② 신발에 수평으로 나일론 실을 연결하고 도르래를 통해 반대편에 수직으로 물통을 연결한다.

③ 물통에 부을 물을 먼저 비커에 100mL 담고 비커의 무게를 제외한 물의 무게를 재서 물의 밀도를 구한다.

④ 빈 물통에 물을 천천히 부어 넣는다. 이때 신발이 흙바닥 위에서 움직이지 않으면 계속 넣고, 움직이기 시작하는 순간 물 넣기를 멈춘다.

⑤ 이때의 물통에 담긴 물을 비커에 넣어 부피를 측정하고, ③에서 계산한 밀도를 통해 물의 질량을 계산한다. 그리고 물통의 무게를 합쳐 실에 매단 총 질량을 계산한다.

⑥ 주어진 식을 이용하여 신발 바닥과 흙바닥 사이의 정지마찰계수를 구한다.

⑦ 100g짜리, 150g짜리 추를 각각 신발 위에 올려두고 과정 ④~⑥을 반복한다.

⑧ 구한 정지마찰계수 데이터를 종합하여 신발 바닥과 흙바닥 사이의 정지마찰계수 값을 정한다.

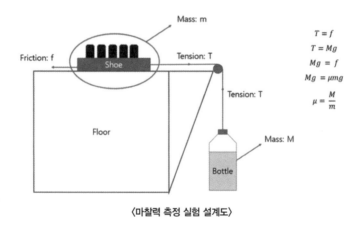

$$T = f$$
$$T = Mg$$
$$Mg = f$$
$$Mg = \mu mg$$
$$\mu = \frac{M}{m}$$

〈마찰력 측정 실험 설계도〉

(2) 밑창 충격 흡수 실험 진행

▶ 준비물: 탱탱볼, 신발 시제품, 시중 신발, 일반 나무 바닥, 50cm 자, 관측용 카메라, 받침 상자 및 기타 실험 도구

① 신발 시제품, 시중 신발, 나무 바닥을 바닥에 수평으로 놓고 옆에 받침 상자와 함께 수직으로 자를 설치한다.

② 신발 시제품 바닥면으로부터 각각 20cm, 30cm, 40cm, 50cm의 높이에 탱탱볼을 설치하고, 관측 카메라를 설치한 뒤 탱탱볼을 5회 낙하시킨다.

③ 각 경우에 대하여 관측 카메라를 통해 공이 튀어 올라오는 최고 높이를 기록하고, 시중 신발과 나무 바닥을 이용해서도 같은 실험을 반복한다.

④ 공의 처음 높이와 튀어 오른 높이를 통해 공의 충돌 직전 속도와 충돌 이후 속도를 계산(공기저항 무시)하고, 각 경우에 대한 반발계수를 계산한다.

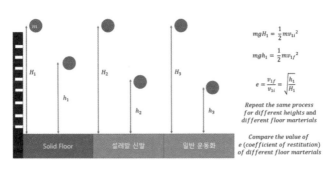

〈밑창 충격 흡수 실험 설계도〉

(3) 마찰력 실험 결과 분석 및 결론 도출

다음은 실험에서 측정한 값을 정리한 내용이다.

→ 전체 신발+추 질량(M): 0.9396 kg

→ 중력 가속도(g): 9.807 m/s²

→ 신발과 바닥 사이의 수직 항력(N): 9.21 N

→ 물의 질량(mw): 1.071 kg

→ 물병의 질량(mb): 0.034 kg

→ 물과 물병의 총 질량(m): 1.105 kg

→ 물과 물병의 총 무게(w): $w = (1.105\,kg)(9.807\,m/s^2) = 10.83\,N$

→ **최대정지마찰계수 $\mu s = 1.175$**

〈마찰력 실험을 위해 제작한 실험 장치〉

   실험 결과 설레발의 신발 밑창은 운동화의 종류에 따라 차이가 존재할 수 있지만, 시중의 운동화와 유사한 수준의 접지력을 가지고 있다는 결론을 도출할 수 있다.

(4) 밑창 충격 흡수 실험 결과 분석 및 결론 도출

▶ 돌바닥의 반발계수(COR) 측정

Falling Height	60	50	40	30
Rebounding Height(Avg)	47.2	37.5	32.3	25.5
COR(Coefficient of Restitution)	0.887	0.866	0.899	0.922

→ 돌바닥의 평균 COR : 0.894

▶ 신발의 반발계수(COR) 측정

Falling Height	60	50	40	30
Rebounding Height(Avg)	15.8	12.7	9.3	7.5
COR(Coefficient of Restitution)	0.513	0.504	0.482	0.500

→ 신발의 평균 COR : 0.500

★
팀원들과의 인터뷰

Q. 팀 구성은 어떻게 하였나요?

한 친구가 적정기술 관련해서 프로젝트를 하자고 해서 처음 시작했다. 적정기술 동아리에 속해서 캄보디아로 해외 봉사를 다녀온 경험이 있는 친구가 다른 친구와 이야기를 하던 중 봉사지에서 신발을 신지 않은 어린이들이 많았던 것을 떠올렸고, 제3세계 특히 캄보디아에 신발이 없는 아이들을 위한 값싼 신발을 만들어보자고 주제를 구체화시켰다. 나아가 우리 팀만의 특성을 더하기 위해 캄보디아의 지리에 맞는 신발을 제작하자고 뜻을 모았다. 곧 과학 분야를 잘하는 친구, 지리 공부를 많이 한 친구가 참여하면서 팀이 완성되었다.

Q. 지도교사를 정한 기준은 무엇이었나요?

사실 원래는 신발을 제작하고 디자인해야 했기 때문에 미술 선생님께 부탁하려고 했으나 이미 자리가 다 차버리는 바람에 학생의 의견을 존중해 주시고 열정이 넘치는 선생님께 부탁드렸다. 그리고 지리에 맞는 신발을 제작하기 위해 지구과학 선생님에게 부지도교사를 부탁드렸다.

Q. 팀원 역할 분배는 어떻게 하였나요?

프로젝트의 많은 부분이 필요한 재료를 고르고 붙여서 직접 신발을 제작하는 것이었기 때문에 대부분 다 함께 참여했다. 한 친구가 캄보디아의 지형과 지질에 대한 조사를 책임지고 했다. 그리고 중반 이후부터는 신발에 대한 성능 실험이 필요했기 때문에 물리를 공부했던 두 친구가 성능 실험을 통해 수치적인 결과를 도출하는 것에 신경을 많이 썼다. 처음부터 역할 분배를 생각해 두고 팀을 짰기 때문에 순조로웠다.

Q. 융합 프로젝트에 열심히 참여한 동기는 무엇이었나요?

개인적으로 어렸을 때부터 빈곤 문제에 관심이 많았기 때문에 직접적으로 제3세계 국가의 상황에 도움이 될 수 있는 프로젝트를 한다는 것이 좋았다. 그리고 같이 하는 멤버들이 원래 친한 친구들이어서 시너지로 열심히 하고 싶은 마음이 더 생겼던 것 같다. 참여할 때는 대학 입시 등에 대해서는 별로 생각하지 않았다.

Q. 진행 과정에서 갈등이 있었나요?

원래 친했던 학생들이 함께 프로젝트를 진행했기 때문에 별로 다툴 일이 없었고, 의견이 안 맞는 부분이 있어도 대화로 잘 풀어갔다.

Q. 전체 프로젝트 활동 중 가장 많은 시간을 할애한 활동은 무엇인가요?

신발 디자인을 생각하는 것이었다. 최대한 적은 재료를 사용하면서 물에 젖어도 빨리 마를 수 있고, 동시에 잘 벗겨지지 않는 신발을 만들기가 어려웠다. 뿐만 아니라 신발 제작을 배운 적이 없다 보니 디자인이 미숙해서 시행착오를 많이 겪어야 했다. 그래서 신발의 구조부터 공부한 후에 몇 주에 걸쳐서 디자인을 생각해 보고 만들었다가 문제가 생기면 또 다른 디자인으로 변경해 만들어 보는 과정을 반복했다. 특히 신발의 발등 부분을 제작하는 것이 가장 난이도가 높았다.

Q. 가장 자신 있었던 부분은 무엇인가요?

프로젝트의 의의와 노력이다. 제3세계 국가의 어린이들을 위한 맞춤형 신발을 제작한다는 아이디어가 다른 팀들과는 차별화 되었다고 생각한다. 완성도 높은 제품을 얻기 위해 계속해서 시도해 보고 잘 안 되면 수정하고 다시 시도하며 열심히 노력했다고 자부한다.

Q. 수상을 기대하셨나요?

프로젝트를 진행하면서는 수상을 따로 의식하지 않았다. 발표 준비를 하고 보고서를 완성하면서 우리가 한 학기 동안 투자했던 노력과 시간, 그리고 프로젝트의 의의 등을 생각했을 때 수상할 수도 있을 것이라는 생각이 들었다. 하지만 융합 프로젝트 포스터 발표회에서 선생님들께서 공통적으로 "취지는 좋은데, 저런 신발은 아무도 신지 않을 것 같다."고 말씀하셔서 수상의 꿈을 조용히 접었다.

Q. 융합 프로젝트 활동에 지도교사의 기여도는 어느 정도였나요?

끊임없이 관심을 기울여 주시고 실험실까지 거의 매번 오시면서 진척 상황을 물어보시고 질문을 하셨다. 그래서 동기부여도 많이 되었고, 프로젝트를 좀 더 넓은 시각으로 볼 수 있었다.

Q. 예산 계획은 계획대로 진행되었나요?

신발을 만들어 가면서 처음에 생각하지 못했던 변수들이 생기고 계획들이 바뀌었다. 그런데 예산 계획을 짜던 시점에서는 그것을 몰랐기 때문에 어려움이 좀 있었다. 예를 들어 재료들을 이어 붙여야 하는데 처음 주문했던 접착제로 안 되어서 세 차례나 접착제를 다른 종류로 다시 주문해야 했다. 프로젝트를 진행하면서 계속 수정을 했기 때문에 처음 신청했던 예산과 실제 쓴 예산이 차이가 많이 났다.

Q. 다시 팀을 짠다면 또 이 팀으로 진행할 건가요?

그렇다. 다만 팀원들이 지나치게 친하다 보면 장난도 치고 잡담도 하게 되어 프로젝트 진행이 더뎌지는 단점이 있었다. 그래서 이를 중재할 팀원이 있거나 좀 더 진지하게 프로젝트에 임할 수 있도록 분위기를 만드는 것이 필요한 것 같다. 팀을 구성할 때는 적당한 친밀도와 진지한 분위기가 중요하다.

Q. 프로젝트가 끝난 이 시점에서 완성도는 어느 정도라고 생각하나요?

솔직히 말해서 완성도는 30% 정도라고 생각한다. 캄보디아 현지에서 직접 사용을 해 본 후 피드백을 받는 게 중요한데 이를 진행할 수 없었다. 피드백에 따라서 디자인을 대폭 수정해야 할 수도 있기 때문이다. 그 과정을 여러 번 거쳐서 최종 디자인 시안이 나오면 신발 제작 전문 업체 등과 협업하여 대량 제작한 후 현지에 보내는 것까지 완료해야 비로소 프로젝트가 완성되었다고 볼 수 있을 것 같다.

Q. 융합 프로젝트 대신 일반 교과 수업을 추가할 수 있다면 어떻게 할 건가요?

일반 교과는 다른 특목고 등에서도 진행할 수 있는 반면에 융합 프로젝트는 민사고에만 있는 교과다. 융합 프로젝트 덕분에 머릿속에만 있던 생각들을 실현해 보면서 정말 많은 것을 배울 수 있었다. 특히 실패를 해보면서 현실에서 무언가 가치 있는 것을 만드는 게 얼마나 어려운지 알게 된 것과 프로젝트를 처음에 구상할 때 좋은 결과물을 내기 위해서는 주제 선정을 잘 하고 단기/장기 목표를 설정해야 한다는 것은 다른 어디서도 배울 수 없다고 생각한다.

Q. 융합 프로젝트를 해보고 나서 '융합'의 개념은 어떻게 달라졌나요?

나는 원래 서로 다른 과목에 관심이 있는 학생들이 모이면 융합이 자연스럽게 된다고 생각했다. 그런데 프로젝트를 진행하다 보니 융합을 하려면 공통된 목표와 철저한 계획, 그리고 꾸준한 노력이 필요하다는 것을 알게 되었다.

또한 융합이 사람 간의 융합만 있는 것이 아니라 개인 내에서의 융합도 있다고 생각하게 되었고, 내 안에서의 융합에 대해 고민을 했다. 그리하여 경제학과 물리학의 관계에 대해 생각하던 중 둘 다 세상을 설명하고자 하는 목표를 공유한다는 것을 알게 되었고, 실제로 물리학의 법칙을 활용해서 경제 주체들 간의 관계를 분석할 수도 있다는 것도 배웠다. 이처럼 융합을 통해 세상을 새로운 시각에서 볼 수 있었다.

Q. 본인에게 융합프로젝트란?

나에게 융합 프로젝트란 '끊임없는 성장의 기회'였다. 직접 진행한 융합 프로젝트에서 신발을 제작하면서 오랜 비전이었던 '빈곤 문제 해결'에 대한 값진 경험을 했다. 프로젝트를 잘 진행하는 방법에 대한 경험치를 얻었으며, 실제 세상에 기여하는 것의 어려움을 느끼며 강한 동기부여를 얻기도 했다. 그래서 그 다음 학기에 학교의 융합 교과, 특히 융합 프로젝트를 발전시키기 위한 메타적인 관점의 프로젝트도 진행했다. 그 과정에서 교육에 대해서 공부도 하고 내가 속한 커뮤니티에 기여한다는 점에서 엄청난 뿌듯함을 느꼈다. 융합 프로젝트는 알아가면 알아갈수록 이전에 보지 못했던 부분들이 보이고, 이는 엄청난 성장의 기회가 되었다.

설레발 프로젝트로 본 융합교육

"융합은 프로토타입 만들기를 두려워하지 않는다!"

설레발 프로젝트는 전문적인 설계 장비나 신발 제작 도구, 신발 제작 기술 없이 진행된, 일종의 '프로토타입(prototype)'을 만드는 프로젝트였다. 따라서 마감 처리이나 디자인이나 전반적인 신발로서의 형태를 갖추는 과정에서 부족함이 존재하는 것은 사실이다. 그러나 순전히 아이디어와 기초적인 재료만을 활용하여 친환경적이면서도 단가를 현저하게 낮춘 신발을 만들었다는 점, 나아가 그 신발이 신발로서 기능하기에 크게 뒤떨어지지 않는다는 점은 앞으로의 발전 가능성을 분명히 보여준다.

팀원들의 이야기처럼 최종산출물에 전문적인 설계와 장비, 향상된 신발 제작 기술이 더해진다면, 저렴한 단가는 유지하면서도 품질을 더욱 높인, 실제로 보급될 수 있을 정도의 수준을 갖춘 신발이 만들어질 수 있을 것이다.

프로토타입은 '프로토타이폰'이라는 그리스어에서 파생되었는데 '원초적 형태'라는 의미를 가지고 있다. 글, 그림, 레고, 3D 프린터, 컴퓨터 그래픽, 문구용품, 생활용품 주변에서 찾아볼 수 있는 흔하고 일상적인 재료들을 가지고 내가 생각하는 바를 다른 사람으로 하여금 눈으로 볼 수 있게 시각화하고 결과물을 상상할 수 있게 도와주는 것이 바로 프로토타입이다.

이러한 프로토타입을 만드는 과정에서 중요한 것은 바로 소통이다. 프로토타입을 만드는 과정은 한 번에 끝나지 않는다. 사람들의 피드백을 받아 지속적으로 더 나은 모델을 만들어 간다. 이러한 실행과 반복의 과정이 융합교육과정의 핵심이며 이 때문에 융합 프로젝트는 기본적으로 그룹 단위의 협업의 과정일 수밖에 없다. 그리고 융합적 그룹은 단지 비슷한 학문, 성향, 관심을 가진 사람들이 아닌 오히려 다양성을 장려하고 이질적인 문화 및 학문적 배경에서 온 사람들의 묶음을 선호한다.

이질적인 집단에 속한 사람들과의 질문과 대화의 과정을 통해 학습자들은 자신의 분야 넘어서의 다른 사람들과도 협업할 수 있는 T자형 인재로 성장하게 된다. 지식의 깊이와 넓이를 모두 갖춘 사람 말이다. T자형 인재는 자신의 분야에서 수준 높은 연구 및 실행능력을 갖췄을 뿐만 아니라 다른 분야의 사람들이 가지고 있는 "기준, 이론, 관점, 그리고 발견" 등을 이해하고 진가를 알아볼 수 있는 능력을 갖게 된다.[1]

---

1   Rebekah R. Brown, Ana Deletic and Tony H. F. Wong, 'How to catalyse collaboration,' 17 September 2015, Vol. 525, Nature, pp. 315-317

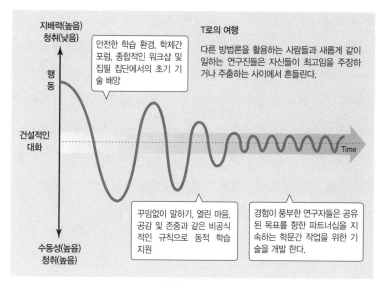

지배력(높음)
청취(낮음)

행
동

건설적인
대화

수동성(높음)
청취(높음)

안전한 학습 환경, 학제간 포럼, 종합적인 워크샵 및 집필 집단에서의 초기 기술 배양

T로의 여행
다른 방법론을 활용하는 사람들과 새롭게 같이 일하는 연구진들은 자신들이 최고임을 주장하거나 주춤하는 사이에서 흔들린다.

Time

꾸밈없이 말하기, 열린 마음, 공감 및 존중과 같은 비공식적인 규칙으로 동적 학습 지원

경험이 풍부한 연구자들은 공유된 목표를 향한 파트너십을 지속하는 학문간 작업을 위한 기술을 개발 한다.

〈T자형 인재 성장 과정〉

출처: Rebekah R. Brown, Ana Deletic and Tony H. F. Wong, 'How to catalyse collaboration,' 17 September 2015, Vol. 525, Nature, pp. 315–317, p.316

위의 그림은 T자형 인재로 성장하는 과정을 도식화하여 표현한 것이다. 그림에서 보이는 바처럼 T자형 인재는 안심할 수 있는 학습 환경, 학제간 토론, 통합적 워크숍 및 글쓰기 그룹을 통해 다른 분야의 사람들과 건설적인 대화를 나눌 수 있는 기초 지식 및 기술을 배우게 된다. 또한 지속적인 만남과 대화는 이들로 하여금 자신의 분야에 대해서 쉬운 말로 설명할 수 있고, 개방적인 마음과 공감 능력을 가지고 설득하며 교류하는 방식을 통해 역동적인 학습으로 연결된다.

이러한 학습의 과정을 통해 학생들은 이질적인 분야의 사람들과 공유된 목적을 향해 파트너쉽을 형성하고 문제 해결을 위한 창의적인

방법을 생각해 내는 원동력을 갖게 된다.

여기서 중요한 것은 이러한 학습 및 협력 과정이 그림에서 표현된 것처럼 두 지점 사이를 오간다는 것이다. 즉 자신의 분야에 특정한 지식만을 강조하고 타 분야 전문가의 말을 듣지 않는 지점과 자신의 분야 지식에 대해 자신이 없고 다른 분야의 전문가를 절대적으로 신뢰하는 지점, 이 극단을 왔다 갔다 하는 가운데 균형을 잡아가고 자신의 분야의 전문성을 쌓아가면서 타 분야의 지식과 방법론 이론들을 적극적으로 수용하며 적용할 수 있는 T자형 인재로 성장해 나간다.

7장

민사고 융합연구회 프로젝트
- 융합은 메타인지

민사고 융합연구회 프로젝트 소개

21세기는 이미 인공지능을 비롯한 4차 산업혁명의 물결에 휩싸였다. 많은 직업들이 기계로 대체되고 있으며, 단순히 많은 지식을 가지고 있는 것으로는 미래 시대에 인간이 기계와 경쟁하여 살아남기 어려워 보인다. 이러한 상황에서 민사고가 야심차게 시작한 것이 융합 교과이다.

융합연구회 팀원들은 융합 교과가 자연 계열과 인문 계열의 학생들이 섞여 있는 민사고만의 특징이자 장점을 잘 살린다고 생각하였다. 이는 외국어에 특화된 외국어 고등학교나 자연계열에 특화된 영재/과학고등학교가 절대 가질 수 없는 것이다.

하지만 팀원들이 3년간 융합독서, 융합 상상력, 그리고 융합 프로젝트까지 융합 교과를 경험해 본 결과 아쉬운 점이 많았다. 그러나 분명히 발전시킬 수 있는 가능성이 충분하다고 생각하여 융합 교과를 보완할 수 있는 방법에 대해 모색하고자 하였다.

우선 처음에 연구를 계획하면서 학생들이 느낀 현재 민사고 융합 교과의 문제점은 다음과 같다.

첫째, 동기부여가 약하다. 융합 교과의 성적 산출 방식이 P/NC (Pass/Not Complete)이기 때문에 학생들이 열심히 하지 않아도 성적 상으로 문제가 없다. 잘 했을 때의 보상 역시 크지 않기 때문에 많은 학생들이 융합 교과를 중요하게 생각하지 않는다. 실제로 융합독서나 융합 상상력 수업의 경우 수업에서 졸거나 자는 학생들이 일반 교과에 비해 압도적으로 많으며, 융합 프로젝트는 학생들이 자체적으로 공강으로 사용하는 경우가 빈번하다.

둘째, 학교 측의 지원 역시 약하다. 특강 등의 일이 있을 때마다 일반 교과와 시간표를 바꿔서라도 융합 교과 시간을 빼려고 하고, 일부 선생님들은 공개적으로 일반 교과에 비해 덜 열심히 해도 된다는 말을 하기도 한다. 뿐만 아니라 융합 프로젝트를 처음 시작하는 학생들이 교과의 목적을 정확히 이해하지 못한 경우도 많은데 열람할 수 있는 이전 자료들이 한정적이고 문의해야 할 곳도 마땅치가 않다.

이러한 문제점들을 정리한 후 팀원들이 초점을 맞춘 것은 크게 두 가지이다. 첫째는 현재 3회까지 진행된 융합 교과를 분석하고 평가를 하는 것이고, 둘째는 융합 프로젝트를 보다 체계화하여 더욱 효과적인 방식을 제안하는 것이다. 더 나아가 융합 프로젝트를 처음 접하는 학생들이 목표가 무엇인지 정확히 이해하지 못하는 경우가 많다고 생각하여 구체적이고 이해가 쉬운 융합 프로젝트에 대한 가이드라인 역시 제시하였다.

프로젝트 진행 과정

1 아이디어 구상과 계획

먼저 연구 내용에 대한 아이디어 구상 및 계획을 수립하기 위한 회의를 진행하였다. 첫 번째로 피터 디아만디스와 스티븐 코틀러의 『컨버전스 2030』을 정독하였다. 이 책을 통해 융합의 정의와 중요성에 대해서 고민하게 되었다. 융합 교과의 중요성을 통해 민사고 융합 교과를 발전시킴으로써 대한민국 융합영재교육을 선도하는 학교로 거듭날 수 있는 기회가 있다고 느꼈다.

또한 학교에서 제공한 융합 프로젝트 관련 공지들을 모두 검토하며 자료들을 수합하였다. 이러한 자료 분석을 통해서 프로젝트에서 이루어 나갈 세부 계획들을 수립했다. 융합 프로젝트 아카이브 사이트 제작, 융합관 건설, 효율적인 융합 교과 개발, 융합형 인재 발굴을 위한 선발 과정 개편, 융합 프로젝트 가이드 제작 등을 계획에 추가하였다.

2 교육학 전문가와 협업

융합 교과 연구에 대한 교육학적인 접근이 필요하다고 생각하여 교육학 전문가와 협업을 시작하였다. 민사고 졸업생이신 3기 김선 박사님을 섭외하여 본 연구를 위해 도와주실 것을 약속받았다. 그리고 3월 31일 수요일, 김선 박사님과의 1차 미팅을 진행하였다.

이 미팅에서 본 연구의 계획 중 융합 교과에 대한 설문조사에 대해 주로 논의하였다. 중간고사 이후 미팅을 통해서 융합교육에 대한 자료와 학생 및 교사 설문조사에서 사용할 수 있는 설문 문항을 정하기로 계획하였다. 박사님과의 1차 미팅 이후 학생 설문조사에 쓰일 문항들을 정하였다.

김선 박사님과의 2차 미팅을 4월 29일 목요일에 가졌다. 1차 미팅 이후 제작한 설문조사 문항과 박사님께서 보내주신 설문조사 문항을 바탕으로 설문조사에 사용할 최종적인 설문 문항을 확정 지었다. 또한 융합 프로젝트 팀별 분석을 위해서 진행하기로 한 케이스 스터디에 대한 안내사항을 전달받았다.

3 케이스 스터디 진행

김선 박사님이 추천한 이노우에 다쓰히코의 『왜 케이스 스터디인가』라는 책을 정독하고, 케이스 스터디를 진행할 융합 프로젝트 팀을 선진 사례(Advanced case), 대표 사례(Representative case), 일탈 사례(Outlier case)의 세 가지 유형으로 분류하였다.

선진 사례는 다른 팀들에게 선례가 되는 사례를 가리킨다. 선진 사례로 선정한 팀은 VR Campus 팀과 덧신 팀이다. 대표 사례는 특정 사안의 성격을 반영한 전형적 사례를 말한다. 대표 사례로 선정한 팀은 설레발 팀과 민사킬라 팀이다. 일탈 사례는 대다수의 일반적인 사례와는 달리 기존의 통설에 들어맞지 않는 사례를 말한다. 이는 곧 기존의 상식을 깨거나 혁신적인 아이디어를 제시한 경우를 말한다. 본 연구에서는 새로운 아이디어를 제시한 것을 일탈 사례의 중요한 요소로서 고려하고 연구 대상 팀을 선정하였다.

케이스 스터디 분석 대상 팀을 선정한 이후에 팀별로 인터뷰를 진행할 문항들을 정리하였다. 케이스 스터디 인터뷰의 경우 더욱 정교한 인터뷰 문항을 수립하고, 융합 프로젝트를 진행했던 팀들을 선진 사례(성공한 팀), 대표 사례(일반적인 팀), 일탈 사례(일반적이지 않은 팀)으로 나누어 각각의 사례에서 두 팀씩을 선정하여 인터뷰를 진행하고 이야기 형식으로 풀어내었다. 이 내용을 분석하고 각색하여 융합교육 웹사이트뿐 아니라 민사고의 융합 교과를 설명하는 책이나 홍보물에 넣을 예정이다.

4 학생 설문조사 진행

2021년 5월 28일 금요일 7, 8교시를 활용하여 24기 3학년 학생을 대상으로 융합 교과에 대한 설문 조사에 참여할 것을 부탁하기 위해 융합 프로젝트 수업이 진행되고 있는 모든 오피스들을 3차례씩 방문하여 본 설문조사의 중요성에 대해서 설명하였다. 그 결과 24기 3학년 학생 32명이 설문조사에 참여해 주었다.

융합 교과에 대한 학생들의 설문 조사를 분석하여 결과를 정리하였다. 교육과정, 학습 목표, 프로젝트 활동, 과제와 프로젝트 산출물, 자원, 재능 개발을 위한 기회, 차별화/개인화의 기회, 사회 정서적 발달, 수업에 대한 만족도에 대한 설문 조사 결과를 바탕으로 양적 분석 결과를 표와 그래프를 사용하여 융합독서, 융합 상상력, 융합 프로젝트 수업에 대해 정리하였다. 또한 학생들이 '주관식'의 형태로 기술한 답변 내용을 바탕으로 융합독서, 융합 상상력, 융합 프로젝트 각 과정에 대한 질적 평가 또한 진행하였다. 이를 바탕으로 융합 교과의 각 과정별 총평을 정리하여 설문 조사에 대한 분석을 완료하였다.

다음은 각 과목(융합독서, 융합 상상력, 융합 프로젝트)에 대한 설문조사 분석 정리본이다.

융합독서 수업 총평

- **교육과정**: 융합독서 교육과정에서 사용되는 개념과 주제의 조직이 논리적 구조에 맞게 구성되었는지, 다중 학문적 접근이 이루어졌는지에 대해서는 대부분 만족한다는 결과가 나타남. 24기의 경우 한 학기에 두 명의 선생님, 1년 동안 총 네 명의 선생님께 수업을 들었는데, 네 분야에 대한 수업을 들어서 다중 학문적 접근이 이루어졌으나, 각 수업 내에서 다른 분야와

의 연계와 융합이 잘 이루어지지 않았다는 평가가 있었음.

- **교육 목표**: 교육 목표에 대해서는 교육 목표를 보고 알 수는 있으나 개인적인 가정이나 해석을 다르게 할 수 있다는 평가가 많았음. 또한 선생님 각자가 융합독서 수업을 통해 가르치고자 하는 교육 목표에 편차가 있다고 답함. 선생님들의 경우에는 융합독서 수업의 전체적 목표를 알고 계시는 것 같지만, 학생들은 이를 아직 이해하지 못하겠다고 답함.

- **학습 활동**: 학습 활동에 대해서 대부분의 학생들이 적어도 세 가지 다른 형태의 활동이 기술되어 있다고 답함. 학생들은 책을 읽고 수업을 하는 것과 이와 더불어 관련 시청각 자료를 통해 학습하고 토론하는 방식을 통해 책에 대한 이해를 확장하고 논리적 사고를 증진시킬 수 있었다고 답함. 또한 선생님들께서 해석을 도와주시고 숨은 의미를 찾게 해주셨다며 긍정적으로 평가함.

- **과제와 산출물**: 융합독서 수업의 과제와 산출물에 대해서 적어도 세 가지 이상 다른 형태의 산출물과 과제를 기술하고 있다고 답함. 그러나 과제와 산출물이 책을 읽고 독서 감상문을 쓰거나 자신의 생각을 담는 에세이를 제출하는 등 기존의 다른 수업 방식과 크게 다르지 않고 한정적이었다고 평가함. 또한 학생들의 과제의 양극화가 보고됨. 적극적으로 참여하는 학생은 책을 다 읽고 탐구하려 하지만, 대부분의 학생들은 인터넷에 정리된 노트를 베껴서 제출하는 일이 많다고 보고됨.

- **평가**: 융합독서 수업 평가의 경우에는 필기 평가만을 사용하고 있다고 답한 학생, 평가 디자인이 두 가지 이하의 다른 평가를 포함하고 있다고 답한 학생, 평가 디자인이 사전 검사를 포함하여 적어도 세 가지 형태의 서로 다른 평가를 포함하고 있다고 답한 학생이 동일하게 나타남. 이는 학생들이 수강한 독서 수업별로 평가 형태가 달랐던 것으로 예상되며, 각 선생님의 수업에 대한 개별 분석이 필요해 보임.

- **자원**: 융합독서 수업의 자원은 인쇄물과 비인쇄물 자원을 포함하면서 다섯 가지 이하의 자원이 주어졌다고 답한 학생이 가장 많았음. 독서 수업에 사용된 책뿐만 아니라 관련 시청각 자료가 주어진 것에 대해 긍정적인 평가를 한 학생도 있었고, 기존의 수업에서 활용하던 자원과 다를 것이 없었다고 평가한 학생도 있었음.
- **학생 재능 개발을 위한 기회**: 융합독서 수업을 통해 1~3개의 재능 개발을 위한 기회가 주어진다고 조사됨. 그러나 자신의 전공이나 흥미에 맞는 수업을 구체적으로 선택할 수 없어서 관련 분야의 재능을 개발할 수 없었다고 평가한 학생도 있었음.
- **차별화(개인화)를 위한 기회**: 학생 개개인의 특성을 살릴 수 있는 차별화의 기회를 융합독서 수업이 제공하는가에 대한 질문에서는 학생들의 평가가 '그렇다'와 '그렇지 않다'는 답이 골고루 나왔음. 주제 탐구와 같이 학생들이 학생 자신의 흥미와 관련된 선생님을 직접 정한다면 좋겠다는 의견이 제시됨.
- **사회 정서적 발달**: 사회 정서적 발달과 관련해서 대부분의 학생들이 사회 정서적 발달을 충족시키기 위한 차별화된 과학과 기술의 도덕적, 윤리적, 역사를 고려한 활동이 존재한다고 답했으나, 의사소통 능력을 발달시키고 긍정적 자아개념을 기르는 교사와 학생 간의 빈번한 사회적 상호작용 활동이 존재하는지에 대해서는 평가가 갈렸음. 그러나 선생님과 학생 모두 일반 교과들에 비해 중요성이 떨어지는 수업으로 인지하고 양측에서 수업에 대한 노력이 부족하다고 평가됨.
- **학생 참여도**: 학생들이 대부분 열심히 수업에 참여하지 않는다는 평가가 많았음. 또한 수업에 참여하는 학생과 하지 않는 학생이 명확히 구분되었다고 보고됨. 학생들이 다 같이 책을 열심히 읽어 수업에 참여한다면 더 원활한 수업 진행이 가능했을 것이라고 평가됨.

- **수업 만족도**: 수업에 대해서 학생들의 70% 정도가 만족한다고 평가함. 학생 참여 저조 등과 같은 부정적 평가에도 불구하고 수업 만족도가 높았던 이유에 대한 추가 분석이 필요할 것으로 보임.
- **융합독서에서 주요한 요소 및 개선 사항 건의:**

  1. 학생들의 적극적인 참여율을 높이기 위해서 융합독서 수업에 대한 인센티브 마련이 필요하다는 의견이 제시됨. 이처럼 융합독서 수업에 더욱 적극적으로 참여하도록 유도하기 위한 장치 마련이 필요해 보임.
  2. 학생들이 자신의 전공 및 진로 희망에 맞는 세부 분야에 관해 도움을 줄 수 있는 책을 선정하여 해당 분야에 대해 도움을 줄 수 있는 선생님과 함께 수업할 수 있도록 하는 것이 필요해 보임.
  3. 선생님들께서는 융합독서 수업에서 읽을 책들을 선정하면서 어떤 요소가 융합되었는지 고려하셨겠지만, 학생들에게는 책을 읽으면서 융합 요소를 이해하기 힘든 경우가 있었음. 일반 독서 수업이 아닌 융합독서 수업인 만큼 융합 요소에 대한 안내를 통해 해결할 수 있을 것이라 생각됨.

융합 상상력 수업 총평

- **교육과정**: 융합 상상력 교육과정에서 사용되는 개념과 주제의 조직이 논리적 구조에 맞게 구성되었는지, 다중 학문적 접근이 이루어졌는지에 대해서는 대체로 만족한다는 결과가 나타남. 또한 융합독서 수업이나 다른 일반적 수업에 비해 다중 학문적 접근이 이루어져 융합이 이루어졌다고 체감한 학생들이 있었음.
- **교육 목표**: 융합 상상력 수업의 교육 목표에 대해서는 목표가 기술되어서 알 수는 있지만, 학생들의 목표 달성 여부가 측정 가능하고, 목표가 산출

물과 잘 연관되었는지에 대한 학생들의 평가는 다르게 나타남. 융합독서에 비해서 명확한 목표 의식을 가지고 수업이 진행된다고 평가됨.

- **학습 활동**: 융합 상상력 수업의 경우 많은 학생들이 수업에 두 가지 이상의 서로 다른 형태의 활동이 기술되어 있다고 평가함. 융합독서에 비해 훨씬 활동이 많다고 평가받음.

- **과제와 산출물**: 융합 상상력 수업의 과제나 산출물의 경우 세 가지 이상의 서로 다른 형태의 산출물이나 과제를 기술하고 있다고 평가함. 하지만 수행해야 하는 과제물을 명확하게 지정해 주는 경우 쉽게 따라갈 수 있었지만, 과제의 형태를 자율적으로 정하도록 한 수업의 경우에는 학생들이 과제물 선정이 명확하지 않다고 느낀 경우가 있었음. 또 발표, 보고서, 감상문 형태의 과제물이나 산출물이 대부분 제시되어 일반적인 특강 수업과 다르다고 느끼지 못한 경우도 있었음.

- **평가**: 융합 상상력 수업의 평가는 학생들이 대략 두 가지 정도의 평가 디자인은 포함하고 있다고 응답함. P/NC 수업이라는 특성 때문에 상상력 수업에 대한 평가가 대충 이루어졌다고 응답한 학생도 있었음.

- **자원**: 융합 상상력 수업에서 활용되는 자원의 경우 다섯 가지 내외의 인쇄물과 비인쇄물 자원 등을 비롯한 실생활과 밀접한 자원들이 주어진다고 평가함.

- **학생 재능 개발을 위한 기회**: 융합 상상력 수업을 통해 대부분 학생들이 두 개 내외의 재능 개발을 위한 기회를 제공하고 있다고 평가함. 관심 있는 분야의 상상력 수업을 들었을 경우 다른 분야와의 융합적 지식을 쌓을 수 있던 기회였다고 평가받음.

- **차별화(개인화)를 위한 기회**: 융합 상상력 수업의 차별화, 개인화 기회에 대해 묻는 질문에 대해서는 기회가 제공되었다고 평가한 학생과 제공되지 않았다고 평가한 학생들이 모두 고르게 나타남. 흥미와 전공 분야에 대한

수업을 수강한 학생은 대체로 기회가 있었다고 평가하고, 관심도가 높지 않던 수업을 수강한 학생들은 개인화, 차별화의 기회가 적었다고 평가함.

- **사회 정서적 발달**: 사회 정서적 발달과 관련해서 대부분의 학생들이 사회 정서적 발달을 충족시키기 위한 차별화된 과학과 기술의 도덕적, 윤리적, 역사를 고려한 활동이 존재한다고 답했으나, 의사소통 능력을 발달시키고 긍정적 자아개념을 기르는 교사와 학생 간의 빈번한 사회적 상호작용 활동에 대해서는 학생들의 평가가 달랐음.

- **학생 참여도**: 융합독서 수업과 마찬가지로 열심히 하는 학생과 열심히 하지 않는 학생 간의 수업 참여도에 간극이 심하다고 보고됨. 융합 상상력 수업 중 일부 수업의 경우 학생의 준비 및 참여도에 의존하는 경우가 있다고 평가됨.

- **수업 만족도**: 융합 상상력 수업에 대해서 학생들은 대부분 다른 교과 수업에 비해서 만족한다고 답함. 상상력 수업 자체는 만족스러우나, 상상력 수업이 독서와 프로젝트 사이의 중간 단계로서의 과정으로서 역할을 충실히 하였는지는 의문스럽다고 평가됨.

- **융합 상상력에서 주요한 요소 및 개선 사항 건의:**

  1. 학생들이 자신의 전공 분야와 관련 없는 수업에 배정받을 경우 참여율 저조로 이어질 수 있음. 따라서 수업별 인원 제한을 완화하고 항상 융합 상상력 수업을 개설하시는 선생님들뿐만 아니라 다양한 선생님들이 다양한 주제로 융합 상상력 수업에 참여하는 방법을 모색할 필요가 있음.

  2. 융합독서, 융합 상상력, 융합 프로젝트라는 융합교육의 전체적 흐름에 있어서 각각의 내용적 연결성을 보완하는 것이 필요해 보임. 융합 프로젝트를 하기 위해서 필요한 능력을 융합 상상력에서 직접적으로 훈련을 하는 방법 혹은 융합독서에서 배운 지식을 활용하여 융합 상상력 수업을 진행하는 방법을 찾는 것이 필요해 보임. 융합독서에서 배운 내용

과는 별개로 상상력 수업이 진행되고, 상상력에서 배운 내용이 프로젝트 수업에서 활용되지 않는 경우가 많음.

3. 융합 상상력 수업의 주제가 기존의 교과 수업에 비해서는 융합적 요소가 가미되어 참신하다는 평이 많았으나, 수업 진행 방식이 보고서, 발표, 감상문 등으로 기존의 방식과 크게 다르지 않다는 의견도 있었음. 수업 내용뿐만 아니라 방식에 있어서도 기존 교과 수업과 차별화된 방식을 개발하는 것이 필요해 보임.

'융합교육 프로젝트' 총평

• **교육과정**: 융합 프로젝트 과정의 다중 학문적 접근이나 적절하고 균형 잡힌 구조 및 접근 및 논리적 구조에 대해서는 많은 수의 학생들이 만족한다는 결과가 나타남.

• **교육 목표**: 융합 프로젝트의 교육 목표에 대한 학생들의 평가는 목표를 보고 알 수 있으나 명확하지 않아 개인적인 가정이나 해석이 다를 수 있다고 평가한 학생들과 목표가 명확히 진술되어 있고 목표 달성 여부가 측정 가능하고 산출물과 잘 연관되어 있다고 답한 학생들이 가장 많이 나타났음. 융합 프로젝트가 학생의 자율성을 최대한 보장하는 환경인 만큼 목표를 설정하고 탐구 방법을 명확하게 찾은 학생들과 찾지 못한 학생들의 차이가 확인됨.

• **학습 활동**: 융합 프로젝트의 학습 활동에 대해서 대부분의 학생들은 융합 프로젝트가 세 가지 이상의 서로 다른 형태의 활동을 기술하고 있고, 활동의 대부분이 활발한 학생의 참여를 격려하는 구성 주의자 학습, 문제 해결, 인식적 참여, hands-on(직접 참여) 학습을 포함하고 있다고 답함.

• **과제와 산출물**: 융합 프로젝트의 과제와 프로젝트 산출물에 대한 평가를

하는 항목에 대해서는 학생들이 대체로 서로 다른 세 가지 형태 이상의 산출물과 과제를 기술하고 있다고 평가함. 산출물 및 과제는 학생들이 프로젝트 내용에 따라 정하며 제품 제작, 웹사이트 제작, 앱 개발 등의 형태로 나타남.

- **평가**: 융합 프로젝트 평가에 대해서 학생들은 대부분 두 가지 이상의 평가 디자인을 포함하고 있다고 답함. 프로젝트 이후 발표회 전까지는 주로 지도교사 및 부지도교사 선생님의 시각으로만 평가가 진행되어 넓은 평가를 받을 기회가 부족하다는 의견이 있었음. 프로젝트 진행 과정 중 팀원과 지도교사 선생님을 제외한 선생님과 학생들의 피드백을 받을 수 있도록 하거나 학생 스스로 중간 과정에서 피드백을 받기 위해 노력하는 것이 필요해 보임.

- **자원**: 융합 프로젝트의 자원에 대해서 대체로 학생들은 다섯 가지 이상의 다양한 자원과 실생활과 밀접하게 연관된 자원이 주어졌고, 1차 자원(primary source)을 포함하고 있다고 평가함. 학생들이 자율적으로 주어진 예산에 따라서 연구에 활용할 수 있는 것에 대한 만족도가 높았음.

- **학생 재능 개발을 위한 기회**: 융합 프로젝트 수업을 통해 대체로 학생들이 두 개 이상의 재능 개발을 위한 기회를 포함하고 있다고 응답함. 프로젝트를 진행하면서 팀원들의 창의력과 잠재력을 가장 많이 끌어낼 수 있었다고 평가함.

- **차별화(개인화)를 위한 기회**: 융합 프로젝트 수업을 통해 많은 학생들이 차별화와 개인화를 위한 기회를 두 가지 이상 포함하고 있다고 평가됨.

- **사회 정서적 발달**: 프로젝트 수업을 통해서 사회 정서적 발달과 관련하여 과학과 기술의 도덕적, 윤리적, 역사적 차원을 고려한 다양한 활동이 존재한다고 평가됨. 학생들의 자율성을 존중하면서도 학문간 융합이 잘 이루어질 수 있도록 선생님들의 지원이 필요함.

- **학생 참여도**: 팀에 따라서 프로젝트 참여도에 차이가 있었으나, 독서나 상상력 수업에 비해 학생 참여도가 높았음. 스스로 탐구하는 과정에 대한 만족감 때문에 참여도가 높았음.
- **수업 만족도**: 독서, 상상력 수업보다도 많은 학생들이 프로젝트 수업이 다른 교과목에 비해 만족스럽다고 평가함. 프로젝트의 성공, 실패 여부와 상관없이 프로젝트 수업을 참여하는 것에서 많은 것을 얻을 수 있었다고 평가됨.
- **융합 프로젝트에서 주요한 요소 및 개선 사항 건의**:
  1. 융합 프로젝트 발표회 때 평가받는 것뿐만 아니라 평소 연구 진행 중에 다른 프로젝트 팀, 지도교사 선생님 이외에 선생님들의 평가와 피드백을 받을 수 있는 장치를 마련하는 것이 필요해 보임. 물론 학생 차원에서도 중간 평가를 받기 위해 선생님들께 의견을 여쭤보는 노력이 필요함.
  2. 프로젝트 수업에서는 학생들이 자율적, 주도적으로 연구 계획을 세우고 이를 탐구, 실천해 나간다는 점에서 만족도가 높았음. 학생들은 융합교육에서 주요한 요소로 '학생 주도적' 수업이라는 키워드를 가장 많이 제시하였는데, 융합 프로젝트 수업이 독서, 상상력, 프로젝트 수업 중 가장 '학생 주도적'이라는 키워드에 부합하는 과정으로 나타남.
  3. 제4회 융합 프로젝트 이후 프로젝트 수업에서 사용된 물품의 경우에는 학교 측에서 관리하고 장기적으로 사용하는 만큼 예산 제약 때문에 저렴한 장비를 구매하여 연구의 질도 떨어뜨리고 장기적으로 사용하지 못하는 물품을 사는 상황이 생기지 않도록 해야 한다고 보임. 해당 물품을 장기간 사용할 수 있다고 입증된다면, 질 좋은 물품을 구매하여 학교 차원에서 철저히 관리, 보관하는 노력이 필요해 보임.

5 민사고 융합 영재 프로그램 웹사이트 제작

두 번째 산출물로서 융합 프로젝트 사이트를 정립하는 것을 목표로 정하였다. 융합 프로젝트 사이트는 홈페이지, 융합교육 페이지, Resource 페이지와 비전, 성과, 분석을 제시하는 페이지 총 6가지 페이지로 분류된다.

〈홈페이지 메인 화면〉

〈융합 프로젝트 대표 사례〉

〈민사고 융합교육 뉴스〉

　　홈페이지는 민사고의 전경을 담고 있는 동영상을 시작으로 융합 프
로젝트의 대표 사례, 융합교육과 관련된 뉴스, 융합연구회 팀을 소개
하는 부분으로 나뉜다. 융합 프로젝트의 대표 사례들은 사용자의 관

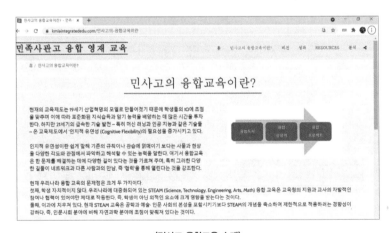

〈민사고 융합교육 소개〉

심을 이끌 수 있는 특색 있는 융합 프로젝트들을 사진을 넣어 민사고의 융합 프로젝트에 대한 흥미를 높였다. 이후 융합연구회 팀원들을 소개하며 민사고 홈페이지의 메인 화면을 마무리했다.

융합교육 페이지는 민사고의 융합교육을 소개한다. 민사고의 융합교육이란 무엇인지, 융합교육의 배경, 필요성과 현재 실행하고 있는 융합교육에 관한 정보들을 제공하여 현 프로젝트의 목표와 사이트 구현의 목적성을 명확히 드러낸다.

비전 페이지는 민사고의 융합 교과의 청사진을 보기 쉽게 정리하였다. 가장 효율적인 융합 교과 개발, 융합 프로젝트 사이트 제작, 융합관 건설, 융합형 인재를 위한 신입생 선발 방식, 융합 프로젝트의 가이드라인 제작은 현시점에서 융합 프로젝트의 발전을 위해 가장 필요한 계획이다.

〈민사고 융합교육 비전〉

성과 페이지는 여러 가지 융합 프로젝트에 관한 정보들을 모아놓은 페이지다. 현재까지는 융합 프로젝트의 진행 횟수, 한 팀당 받을 수 있는 최대 지원, 현재 융합 프로젝트 팀 수만 있지만 여러 프로젝트를 진행함에 따라 더욱 정보들이 많아질 것으로 예상한다.

Resources 페이지는 융합 교과, 특히 융합 프로젝트 진행에 있어서 학생들이 활용할 수 있는 자원들을 모아둔 부분이다. Resources 항목에서 학생들은 현재까지 세 가지 카테고리를 이용할 수 있으며, 융합 교과의 발전에 따라서 카테고리는 추가될 수 있다. 현재 접근 가능한 세 가지 카테고리는 다음과 같다:

① 1~3회 융합 프로젝트 보고서
② 분야별 도움을 줄 수 있는 졸업생 선배님들의 연락처
③ 프로젝트를 위해 구입된 장비

'1~3회 융합 프로젝트 보고서'를 통해서 앞서 선배들이 진행한 융합 프로젝트 연구에 대해서 학생들이 살펴볼 수 있도록 하였다. 이 카테고리를 통해서 융합 프로젝트 진행에 있어 학생들이 아이디어를 얻고, 선례를 통해 배움을 얻을 수 있게 했다.

또한 분야별 도움을 줄 수 있는 졸업생 선배님들의 연락처는(역시 민사고 졸업생이신) 사회과 선생님을 통해서 졸업생 동문회 페이스북 그룹에 융합 프로젝트 진행에 있어 분야별로 도움을 줄 수 있는 선배님들에게 연락을 해달라고 부탁을 하는 게시물을 올려서 수집하였다.

융합 교과 수업에 학생들이 참여하는 데에 있어서 스스로 해결하기 어려운 문제는 선배님들의 도움을 통해 해결할 수 있을 것이다. 관련 산업 현장에서 실제 종사하고 계시는 선배님들의 생생한 조언과 도움을 통해서 현실에 적용 가능하고, 트렌드에 뒤처지지 않는 성과를 거둘 수 있으리라 기대한다.

본 팀은 민사고가 가진 소중한 자원은 인적자원으로서 각계각층에서 활동 중인 선배님들의 능력과 재학생들의 협업으로 시너지를 발휘하여 더욱 훌륭한 성과를 만들어낼 것으로 기대한다. 본 연구 또한 교육학을 전공하신 제3기 김선 박사님의 도움을 통해 체계적으로 진행될 수 있었기에 선배님들과 협업 프로젝트의 좋은 선례라고 생각한다.

마지막으로 제4회 융합 프로젝트부터 프로젝트에 사용되는 물품은 학교에 반납하여 보관되는 것으로 변경되었는데, 장비를 통해서 이를 체계적 관리할 것이다. 본 사이트를 통해서 학교에서 소장하고 있는 물품과 대여 중인 물품, 그렇지 않은 물품 등의 리스트를 항목별로 분류하여 추후 학생들이 필요한 물품을 손쉽게 사용할 수 있도록 설계하였다.

Resource 페이지는 지금까지 진행된 프로젝트의 보고서들을 모두 모아놓은 페이지로 구성하였다. 1회, 2회, 3회로 분류하여 각각 보고서들의 융합 요소들을 라벨링 하여 사용자가 자신이 참고하고자 하는 보고서를 쉽게 찾을 수 있도록 구현하였다. 또한 File manager 섹션을 통해 각 회의 보고서들을 Zip 파일로 저장하여 사용자가 쉽게 모든 보고서들을 다운로드 해 볼 수 있도록 하였다.

보고서를 통한 편의에서 더 나아가 기존에 있었던 장비들을 낭비 없이 사용하기 위해서 보관되고 있는 융프 장비들도 기록하였으며, 선배들의 도움을 받기 위한 FAQ 란과 민사고 연락망 란을 만들었다. FAQ란은 융합 프로젝트를 경험하였던 기수가 질문에 답을 남기는

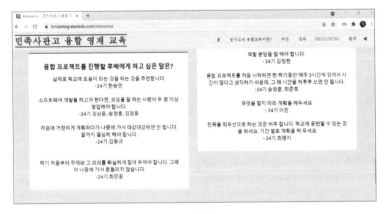

〈FILE MANAGER〉

〈FAQ 코너〉

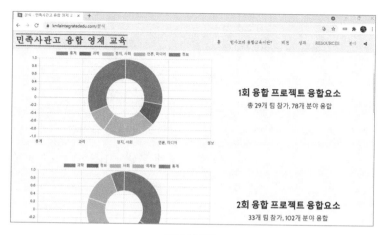

<분석 페이지>

방식으로 이후 융합 프로젝트를 진행할 사용자에게 후기를 남길 수 있고, 민사고 연락망은 졸업하여 자신의 분야를 공부하고 있는 선배님들의 정보들을 기입하여 융합 프로젝트 팀들이 자신이 필요한 도움을 받기 쉽게 만들었다.

분석 페이지는 융합 교과에 대한 데이터들을 보기 쉽게 도표 모양으로 정리하였다. 융합 교과 분포, 각 회의 융합 프로젝트 융합요소와 융합 프로젝트 팀원들의 융합 정도를 차트를 통해 정리하였다.

6 향후 계획 및 발전 방향

융합연구회 프로젝트는 처음부터 융합 교과 발전을 위해 학생 측에서 기여하는 팀을 만드는 것에 큰 의의가 있다고 생각하였고, 단기적인(한 학기 동안 완료할) 계획을 세우면서 장기적인 계획도 함께 세웠다. 장기적인 계획은 크게 다섯 가지로 정리할 수 있다.

첫 번째는 융합 프로젝트 가이드 제작이다. 위에서도 언급했듯이, 현재 융합 프로젝트로 넘어가면서 학생들에게 하는 설명은 한 번의 설명회뿐이다. 이 한 번에 담아낼 수 있는 내용에는 당연히 한계가 있다. 따라서 학생들이 융합 교과의 핵심과 어떻게 접근해야 하는지를 집약적으로 설명하는 가이드가 있다면 학생들이 처음에 헤매지 않고 더 뜻깊은 활동을 할 수 있을 것이다.

두 번째 목표는 융합 프로젝트 아카이브 사이트 제작이며, 이는 첫 번째 장기 목표와 동일 선상에 있다. 융합 프로젝트 가이드가 팸플릿 형식으로 학생들에게 배부되는 것이라면, 융합 프로젝트 아카이브 사이트는 실질적인 정보들을 많이 제공한다. 이번 학기에 본 프로젝트가 상당 부분을 완료했으며, 앞으로 사용 가능한 재료와 도구가 데이터베이스화하는 것을 비롯하여 몇 가지만 채워 넣으면 완성할 수 있을 것이다. 이 사이트가 앞으로 지속적으로 업데이트된다면 학생들이 프로젝트를 진행하는 데에 큰 도움이 될 것이다.

세 번째는 융합형 인재를 위해 선발 과정을 개편하는 것이다. 현재의 신입생 선발 과정은 학생들의 과목별 지식과 인성 크게 두 가지에 초점을 맞추고 있다. 그러나 융합 교과와 같은 맥락에서 이제는 신입생 선발에도 융합형 인재라는 기준에 얼마나 부합하는지도 평가해야 한다고 생각한다. 따라서 면접 절차와 자기소개서 질문에서 프로젝트를 진행해 본 경험이나 융합에 대한 생각을 물을 수 있다면 좋을 것이다.

네 번째는 융합관 건설이다. 현재 융합 프로젝트는 기계나 도구의 제약을 많이 받고 있다. 예를 들어 3D 프린터로 물건을 출력할 수 있다면 훨씬 더 다양한 물건을 제작할 수 있을 것이고, 슈퍼컴퓨터가 있다면 현재는 불가능한 연산을 진행할 수 있을 것이다. 이같이 학생들이 개인적으로 부담하기 힘들고 한 학기에 주어지는 최대 200만 원의 예산으로도 구매하기 힘든 값비싼 장치들은 학교가 직접 구매하여 융합관에 비치해 놓고 공용으로 사용하게 한다면 현재보다 훨씬 더 다양하고 큰 규모의 프로젝트들을 통해 본래 융합 교과가 이루고자 하는 바에 가까워질 수 있을 것이다.

다섯 번째는 가장 효율적인 융합 교과를 개발하는 것이다. 본 연구에서 진행한 설문조사에서도 확인할 수 있었던 것처럼, 현재 융합 교과에서 발전시킬 수 있는 부분이 굉장히 많다. 어쩌면 본질적으로 융합독서 – 융합 상상력 – 융합 프로젝트로 가는 과정 자체를 수정해야 할 수도 있다. 올해로 융합 교과가 시작된 지 불과 3년째이기 때문에 시행착오가 있는 것이 당연하며, 열린 자세로 교육 분야에 종사하는 전문가들의 의견뿐 아니라 학생과 교사의 의견을 적극 반영해야 할 것이다.

팀원들과의 인터뷰

Q. 팀 구성은 어떻게 하였나요?

처음에는 2020년 2학기부터 두 친구가 수학을 주제로 탐구를 진행했다. 그 탐구가 잘 되어 탐구 담당 선생님이셨던 지도교사 선생님과 함께 3학년 1학기에 융합 프로젝트로 이어 나가고자 했다. 그런데 그 과정에서 융합 프로젝트의 본래 취지에 맞게 다양한 분야의 학생들이 융합적인 요소가 포함된 프로젝트를 진행하기 위해 국내 인문 계열이면서 평소에 친했던 한 학생을 영입하였다. 늘 맡은 일을 책임감 있게 하는 학생이라서 좋은 팀을 이룰 것이라고 생각하여 세 명이서 프로젝트를 진행했다.

Q. 프로젝트 주제는 어떻게 정하게 되었나요?

처음에는 원래 가지고 있던 수학 관련 탐구를 사회적 의미로 확장하여 '특정 기관의 최적의 위치를 정하는 알고리즘'을 만들고자 하였다. 그러나 토의를 하고 계획을 짜다 보니 계속해서 너무나 모호한 이야기로 접어들게 되고, 방향성을 상실한 느낌이 들었다. 그러다 팀원들 간의 토의에서 한 팀원이 "융합 프로젝트 자체에 대해서 뭘 해볼 수 없을까?"라는 의견을 제시했다. 굉장히 새로운 접근이었고, 세 팀원 모두 이전 학기에 융합 프로젝트를 진행하면서 정말 많은 것을 느끼고 성장했던 터라 교과에 대한 토의를 시작하자마자 봇물 터지듯이 많은 이야기와 생각들이 쏟아져 나왔다.

생각을 공유할수록 민사고의 융합 교과, 특히 융합 프로젝트를 발전시켜야 할 필요성을 절감했고, 우리가 생각보다 큰 변화를 불러올 수 있지 않을까 하는 생각이 들었다. 그래서 주제를 "민사고의 융합 프로젝트를 발전시키기 위한 프로젝트"로 정하였다.

Q. 지도교사를 정한 기준은 무엇이었나요?

지도교사는 원래 수학 탐구를 진행할 때 담당하셨던 선생님이다. 선생님은 처음 민사고의 융합 교과를 디자인하셨고 평소에 융합교육에 대해 관심이 많으셔서 적극적으로 토의에 참여하고 의견을 주셨다. 운이 좋게 바뀐 주제에 가장 잘 맞는 선생님을 지도교사로 삼을 수 있었다.

Q. 팀원 역할 분배는 어떻게 하였나요?

두 팀원은 아이디어 구상을 하고 계획을 설정하는 역할을 맡고 나는 교육학자이신 김선 선배님과 연락하는 역할을 맡아 의견을 전달하고 미팅을 잡는 등의 일을 담당했다. 다른 팀원은 컴퓨터를 잘 다루기 때문에 주로 토의에서 나온 아이디어를 웹사이트로 구현하는 역할을 맡았다.

Q. 융합 프로젝트에 열심히 참여한 동기는 무엇이었나요?

우선, 외적 동기는 두 팀원은 국제 계열이기 때문에 활동 칸에 쓸 수 있었고, 한 학생은 지도교사 선생님께서 추천서를 써 주시기로 했고, 한 학생은 자기소개서에 학교에 기여한 활동으로 활용할 수 있어서였다. 특히 이 학생은 본인의 전공인 컴퓨터와도 관련이 있어서 더 동기부여가 되었다고 한다. 하지만 우리 팀이 이 프로젝트에 보인 열정과 노력은 외적 동기만으로는 불가능했다고 생각한다. 가장 큰 동기부여는 이 프로젝트가 정말 필요하다고 느꼈다는 것이다.

Q. 프로젝트를 시작할 때 성공적으로 끝날 것이라고 생각했나요?

반반이었다. 처음에 아이디어 회의를 하고 계획을 짤 때는 이 프로젝트는 학교에 반드시 필요한 프로젝트이고 핵심적인 변화를 불러올 수 있을 것이라고 생각했다. 한편으로는 교육과정과 관련된 프로젝트를 진행하는 것이었기 때문에 학생 입장에서 얼마나 큰 변화를 만들 수 있을지 의구심도 조금 있었다. 하지만 일단 자신감을 가지고 시작했으며, 도움을 요청한 분들이 모두 굉장히 협조적이어서 더욱 탄력을 받았다.

Q. 진행 과정에서의 갈등이 있었나요?

누가 시켜서 억지로 하는 게 아니라 팀원 모두 프로젝트의 중요성을 인지하고 열정을 가지고 있었기 때문에 갈등은 거의 없었다. 다만 중간중간에 다음에 무엇을 해야 할지에 대한 의견이 조금씩 달랐다. 예를 들어 한 학생은 1학기 막바지에 인터뷰를 조금이라도 진행하려고 했지만, 다른 학생은 웹사이트라는 하나의 결과물을 마무리 지은

후에 인터뷰는 2학기부터 진행하자고 했다. 그러나 결국 원만하게 대화로 잘 협의했다.

Q. 융합 프로젝트 시간(일주일 3시간) 이외의 시간을 활용하였나요?

융합 프로젝트 3시간은 늘 최대한으로 활용했다. 이에 더해 평균적으로 일주일에 2시간씩 추가로 시간을 써서 총 일주일에 5시간씩은 융합 프로젝트에 할애했다.

Q. 전체 프로젝트 활동 중 가장 많은 시간을 할애한 활동은 무엇인가요?

아무래도 프로젝트의 특성상 융합 교과에 대해서 충분한 이해를 한 후 명확한 목표를 세우고 목표를 이루기 위한 계획을 가지고 있어야 했기 때문에, 프로젝트를 계획하는 것에 가장 많은 시간을 썼다. 지도 교사 선생님이 추천한 융합에 대한 책들을 읽으면서 비전을 만들고 민사고 융합 교과에 대해 토의하며 문제점을 찾고 그에 대한 해결 방안과 그중에서 우리가 실질적으로 프로젝트에서 가장 효과적으로 다룰 수 있는 문제들을 선별하였다. 또 교육학자인 김선 선배님과 연락하면서 계획을 수정하기도 하였다. 덕분에 원래 계획했던 것을 성공적으로 완수할 수 있었던 것 같다.

Q. 가장 자신 있었던 부분은 무엇인가요?

아무래도 아이디어였다. 학생 관점에서 융합 프로젝트라는 학교 교과를 바라보고 문제점을 스스로 인식한 후에 그를 해결하고 발전시키기 위한 프로젝트라는 점에서 굉장히 자기 주도적이라고 생각했다. 이에 더해 융합이라는 테마가 현재 핵심 이슈이며, 특히 민사고에 융합 교과가 도입된 지 얼마 안 된 시점에서 정말 필요한, 좋은 주제라고 생각했다.

Q. 수상을 기대하셨나요?

그렇다. 우리 아이디어에 상당한 자부심과 자신감을 가지고 있었다. 다만 융합 프로젝트 자체에 대해서 메타적으로 진행하는 이 프로젝트가 '융합'이란 주제에 어느 정도 맞는지 선생님들마다 의견이 다를 수 있어 수상이 어려울 수 있겠다는 생각은 했다.

Q. 융합 프로젝트 활동에 지도교사의 기여도는 어느 정도였나요?

핵심적이었다. 우선 교육과정과 연결되어 있는 프로젝트의 성격상 선생님의 가이드와 도움이 필요한 때가 많았다. 선생님이 융합 교과의 목적과 생기게 된 계기 등을 설명해 주시고 참고 도서를 추천해 주셔서 융합에 대해 이해하고 넓은 시야에서 교과를 볼 수 있었다. 또한 프로젝트 진행 과정 중에 보고서 열람 등의 문제로 학교 측의 허가를 받아야 하는 공적인 절차 때도 도움을 받았다.

뿐만 아니라 중간 보고서를 제출하도록 해서 프로젝트의 진척 상황에 대해 피드백을 주신 덕분에 방향을 잘 잡고 진행할 수 있었다. 마지막으로 늘 우리 프로젝트가 정말 중요한 일이라고 긍정적인 말씀을 해주셔서 자부심을 가지고 동기부여를 얻어서 참여할 수 있었다.

Q. 어떻게 해야 선생님께 좋은 피드백을 받을 수 있을까요?

선생님이 팀의 프로젝트를 잘 이해하고 있을수록 더 좋은 피드백을 받을 수 있다. 따라서 평소에 프로젝트의 진행 과정에 대해 업데이트를 자주 하고 학생들이 생각하는 프로젝트의 지향점과 선생님이 생각하는 지향점이 합치되도록 조정하는 것이 중요하다.

Q. 지도교사 선생님과의 갈등은 없었나요?

없었다. 피드백을 주실 때도 늘 우리를 존중하는 자세로 대해주셨다. 우리가 프로젝트 진행 과정에서 인터뷰를 해야 하는 일이 많았는데, 섭외한 팀이 인터뷰를 갑자기 취소를 해서 급하게 계획을 수정하기도 했고, 프로젝트의 취지에 대해 의구심을 가져 해명해야 했던 적은 있었다.

Q. 예산 계획은 처음과 비슷하게 흘러갔나요?

1학기에는 예산을 신청하지 않았는데, 웹사이트를 만들면서 예상치 못한 비용이 들어서 사비로 처리했다. 이를 반영해 2학기에는 사이트 제작, 유지 비용을 신청했다.

Q. 프로젝트가 '융합'이라는 테마에 어느 정도 부합한다고 생각하나요?

우리의 융합 요소는 교육과 컴퓨터, 그리고 시스템 경영이었다. 민사고의 교육과정 중 하나인 융합 교과를 발전시키는 것이 목적이었기에 교육이 있고, 그 교과에 대한 효율적인 체계를 만들기 위해 아카이브 자료를 공개하고 교과의 중요성을 알리며, 졸업생과의 연결망도 만들었기 때문에 시스템 경영이며, 그 과정에서 웹사이트를 적극 활용하여 구현했기 때문에 컴퓨터가 들어간다.

그러나 우리 프로젝트는 특정 요소나 분야들을 조합했기 때문에 융합이라기보다는, 우리 학교의 융합교육에 대해 자기 성찰과 피드백을 하고 그를 실현한 것이기에 '메타적인 관점에서의 융합'이라고 보는 것이 더 적절한 것 같다. 우리 역시 이런 면을 염두에 두고 프로젝트를 진행했다.

Q. 융합 프로젝트를 열심히 하였다고 생각하나요?

그렇다. 먼저 융합 프로젝트 교과 3시간 이외에 평균 2시간씩 투자했으며, 주도적으로 김선 선배님과 협업을 제안하고 융합 프로젝트 담당 선생님께 찾아가서 자료를 구했다. 나아가 케이스 스터디는 우리에게 생소했던 개념이었는데, 『왜 케이스 스터디인가』라는 책을 읽으며 몰랐던 내용은 스스로 공부하고 배워 나가면서 책임감 있게 계획을 완료하는 모습을 보였다. 또, 3학년 2학기에 대학 입시를 앞두고 굉장히 촉박한 일정에도 불구하고 융합연구회 프로젝트를 위해 팀별 케이스 스터디를 계속한 것은 정말 엄청난 열정이라고 생각한다.

Q. 프로젝트의 차별점은 무엇이라고 생각하나요?

위에서 언급한 '메타적인 프로젝트'라는 것이 가장 큰 차별점이라고 생각한다. 다른 팀들을 융합이라는 테마에 맞추기 위해 노력했다면 우리 팀은 융합 자체에 초점을 맞췄다. 특히 이런 과정이 학생 측에서 먼저 시작되었고, 학생들에게 피드백을 묻고 프로젝트 진행 과정에 대한 인터뷰를 하는 등 학생 입장에서 융합 교과에 대해 연구했다는 점에서 의의가 크다고 생각한다. 나아가 이 프로젝트를 기점으로 학생들도 융합 교과를 다시 바라보고 발전시키기 위한 노력을 시작했다는 점에서도 의미가 크다 하겠다.

Q. 다시 팀을 짠다면 또 이 팀으로 진행할 건가요?

그렇다. 세 명의 역할 분담과 팀워크도 좋았고, 무엇보다 융합 교과를 발전시키는 일이 왜 중요한지를 온전히 이해하는 멤버들이어서 좋았다.

Q. 팀에서 역할은 어떻게 나누었나요?

한 학생은 리더로서 계획을 수립하고 최종 결정을 내리는 역할이었고, 다른 학생은 리더가 세운 계획을 비판적으로 평가하고 수정 사항을 제안하였다. 그리고 마지막 학생이 진행한 내용들을 궁극적인 결과물의 형태로 구현하는 역할을 했다.

Q. 팀을 구성하는 데 있어서 가장 중요한 점은 무엇인가요?

첫째는 열정이다. 프로젝트의 중요성을 인지하고 열심히 하고자 하는 의지가 충분한 멤버들이라면 어떤 어려움이 있어도 극복하고 잘 진행할 수 있다고 생각한다. 둘째는 인원수다. 개인적으로 3명이 가장 적절한 인원 같다. 서로 다른 시각을 가진 학생이 3명은 있어야 융합의 테마에도 부합하고 분업이 이루어진다. 하지만 4명 이상이 팀이 되면 필히 비효율적인 업무 분배와 흔히 말하는 '무임승차'를 하는 사람이 생긴다. 따라서 3명이 가장 이상적이고, 4명 이상이 되면 특히 팀 내 업무 분배에 신경을 많이 써야 한다.

Q. 프로젝트가 끝난 이 시점에서 완성도는 어느 정도라고 생각하나요?

시작이 반이기 때문에 50% 정도 우리가 큰 비전을 제시했고 학생 측에서 참여를 시작했기 때문에 이제 후배들이 물려받아서 이어 나갔으면 한다.

Q. 프로젝트를 어떻게 개선했으면 좋겠다고 생각하나요?

우선 융합 프로젝트 포스터 평가 방식의 수정이 필요한 것 같다. 또 융합 프로젝트를 열심히 하는 팀은 정말 열심히 하지만, 꽤 많은 팀들이 자습 시간으로 사용하고 제출이 임박해서야 급하게 보고서를 마무리하기 때문에 시스템적으로 이를 어떻게 개선할지도 풀어야 할 숙제다. 이에 더해 융합 교과의 전반적인 디자인과 프로젝트를 위한 장비와 환경 제공 등 큰 비전들도 학교 측과 의논을 통해 잘 풀어나갔으면 하는 마음이다.

Q. 융합 프로젝트 대신 일반 교과 수업을 추가할 수 있다면 그렇게 할 건가요?

절대 아니다. 오히려 융합 프로젝트 시간을 늘렸으면 늘렸지, 줄이는 것은 말이 안 된다고 생각한다.

Q. 융합 프로젝트에서 바뀌어야 할 점은 무엇이라고 생각하나요?

가장 중요한 것은 융합 프로젝트의 중요성을 학생들과 학교가 이해하는 것이다. 현재는 그 중요성이 충분히 인식되고 있지 않아서 많은 학생들이 융합 교과를 허비하고 있다. 융합 교과는 미래 시대에 가장 중요한 교과라고 믿으며, 민사고만이 할 수 있는 것이다. 이런 믿음이 보편적으로 받아들여진 후에 위에서 언급한 것들을 하나씩 해결해 나가면 융합 프로젝트가 훨씬 더 빠르게, 효과적으로 발전할 수 있을 것이다.

Q. 융합 프로그램을 해보고 나서 '융합'의 개념은 어떻게 달라졌나요?

A 학생: 처음에 융합은 한 과목과 다른 과목을 합쳐서 학제간 프로젝트(Interdisciplinary Project)를 진행하는 것이라고 생각했다. 그런데 이제 와서 보니 서로 다른 분야들을 합치는 것 자체가 융합의 목적이 되면 안 되고, 어떤 큰 비전을 달성하기 위한 과정 속에서 어떻게 서로 다른 분야들의 접근을 활용할 수 있는가에 초점이 맞춰져야 한다는 생각이 든다. 그래서 나에게 융합이란 "큰 비전을 달성하기 위해 다양한 시각들을 조합하는 것"이다. 또, 융합 교과에 대한 융합 프로젝트를 진행하면서 융합이 미래에 얼마나 필수적일지를 알게 되었다.

B 학생: 융합이 그냥 몇 개 분야를 섞는 것이 아니다. 수학만 공부하고, 영어만 공부하지 않는 이상 무언가 분석하고 만들기 위해서는 반드시 여러 분야에 대한 지식이 필요할 수밖에 없다. 그래서 융합이 아닌 것이 없다고 생각한다.

융합 프로젝트 발표를 하면서 항상 궁금했던 점은 이게 그냥 '프로젝트 발표회'와 어떤 차이가 있냐는 것이었다. 그래서 프로젝트 발표회가 아니라 융합 프로젝트라고 명명을 하는 데에는 이유가 있어야 한다고 생각한다.

우리 사회에서 무언가 만든다는 것 자체가 이미 한 학문의 경계를 넘지 않는다면 불가능한 일이다. 내가 생각할 때 융합의 의미는 다양한 분야의 사람들의 지식이 무언가 만드는 데에 녹아들어가 있다면 명시적으로 A와 B의 결합이라고 하지 않더라도 융합이라고 할 수 있는 것 같다. 민사고의 융합 프로젝트가 정체성을 가지기 위해서는 왜 우리가 융합이라고 부르는지 확고하게 해야 한다.

C 학생: 처음에는 민사고가 융합교육에 많은 시간을 투자하는 이유를 깨닫지 못했다. 학문별 교과에 관한 공부를 다 한 후 자신에게 필요한 분야들을 융합해도 늦지 않다고 생각했고, 융합 교과를 융합독서, 융합 상상력, 융합 프로젝트 3가지로 나누는 것에 대해 의문이 들었다. 하지만 세 가지 융합 프로그램을 다 듣고 나니, 만약 이러한 교육이 없었다면 지금처럼 창의적인 생각을 하고, 다양한 프로젝트들을 시도해 볼 수 없었다는 생각이 들었다. 자신의 목표를 이루기 위해서

는 융합이 필수적이고, 융합할 수 있는 능력도 연습을 통해 키워야 할 덕목인 것 같다.

Q. 마지막으로, 덧붙이고 싶거나 후배들 혹은 외부에서 민사고에 오고 싶은 학생들에게 우리 학교의 융합 프로젝트에 대해서 해 주고 싶은 말이 있다면 해 주세요.

민사고는 '융합'이 무엇인지 경험할 수 있는 유일한 학교다. 민사고의 융합교육을 통해 미래 사회에 반드시 필요한 역량을 키울 수 있다. 그리고 민사고 재학생들은 융합 교과를 적극적으로 활용하기를 바란다. 그 어떤 학교의 교육, 그리고 그 어떤 학교의 학생과도 차별점을 만들 수 있는 기회이며, 융합 교과에서 열정적인 자세로 하고 싶었던 것을 하다 보면 어떤 형식으로든 큰 도움이 될 것이다.

민사고 융합연구회 프로젝트로 본 융합교육

"융합은 학생과 조직의 메타인지를 촉진한다!"

민사고 융합연구회 프로젝트를 이 책에서 중요한 사례로 넣은 이유는 융합교육에서 메타인지가 얼마나 중요한지를 분명히 보여주기 때문이다. 융합교육은 학습자로 하여금 두 개 이상의 학문 영역에서 얻은 지식, 기술 및 사고방식을 통합함으로써 "현상을 설명하고, 문제를 해결하고, 제품을 창조하고, 새로운 질문을 만들어 '인식의 진보(cognitive advancement)'"를 가져온다는 공통점을 지닌다.[1]

즉 융합 과정을 통해 만들어진 지식 체계는 "메타인지적 기술(meta-cognitive skills), 비판적 사고(critical thinking), 개인적인 인식론(personal epistemology)과 같은 학습자의 고차원적인 인식(higher-order cognition)의 점진적인 진보를 통해 형성되어 간다."[2] 이런 과정을 통해 학생들은 학습에 대한 진지한 태도를 취하게 되는데, 단순히 지식을 습득하고 암기하는 데서 끝나는 것이 아니라, 융합교육과정을 통해 "의미를 추구하고, 배운 지식을 성찰해 보고, 개인적인 이해를 통해 배운 지식을 내재화하는 등의 과정을 통해 지속적인 지적 발달을 이루게"되는 것이다.[3]

이런 의미에서 민사고 융합연구회는 단순히 학생의 개인적 차원뿐만 아니라 학교(조직) 차원에서 메타인지적 지식과 기술을 사용해 '융합영재교육 프로그램을 어떻게 더 발전시킬 수 있을까?'를 성찰하는 중요한 프로젝트라고 할 수 있겠다. 더욱이 이 프로젝트가 교사나 외부인의 계획이 아닌 학생 주도로 이루어졌다는 점에서 그 의미가 더 크다.

학생들이 설문조사를 통해 분석한 자료에도 나와 있는 것처럼, 융

---

1   Boix-Mansilla, V. (2005). Assessing Student work at Disciplinary Crossroads. Change, 37(January/February), 14 – 21.

2   Ivanitskaya, L., Clark, D., Montgomery, G. & Primeau, R. (2002). Interdisciplinary Learning: Process and Outcomes. Innovative Higher Education, 27(2).

3   위의 논문

합적 사고는 다른 분야의 전문가들의 지식과 방법만을 융합시키는 것이 아니라 각각의 전문가들이 가지고 있는 인지 과정을 드러내고 배열하며 종합 및 연결시킴으로써 융합적 문제 해결을 위한 그룹 공통의 새로운 메타인지 과정을 만드는 것이다.

이러한 메타인지 과정을 통하여 학습자는 Goldsmith&Kraiger (1997)[4]가 정의한 "지식 구조(knowledge structure)"를 내재화시키게 되는데, 주어진 문제를 해결함에 있어서 필요한 관점, 개념, 아이디어, 그리고 방법론들을 마구잡이식으로 가져다 쓰는 것이 아니라 구조화시킴으로써 효과적으로 복잡한 문제와 다양한 자료들을 의미 있게 연관시킬 수 있게 된다. 지식의 구조화는 결국 지식을 얼마나 많이 습득하고 외우는 것보다, 어떻게 얻은 지식을 문제와 상황에 맞게 적용시킬 수 있는가가 중요하다는 것을 시사한다.

246쪽의 모델은 융합적 사고를 촉진시키는 학습 과정을 도식화한 것이다. 그림에서 보는 바처럼 학생은 자신이 안전하다고 느끼는 학습 환경에서 다양한 과정을 걸쳐 융합적 사고를 진행하게 된다. 따라서 융합교육과정의 중심은 학습자의 인식론적 발달을 비롯한 지적 능력의 향상을 평가의 지표로 삼을 수밖에 없고, 이 때문에 민사고 융합교육 프로그램도 지식을 전달 및 습득하는 것을 교육목표로 하는 여타의 교육과정에 비해 덜 표준화되어 있다는 비판을 받기도 한다.

---

4   Goldsmith, T. G. & Kraiger, K. (1997) 'Applications of Structural Knowledge Assessment to Training Evaluation.' In Ford, J. K. et al. Improving Training Effectiveness in Work Organizations, New York : Psychology Press.

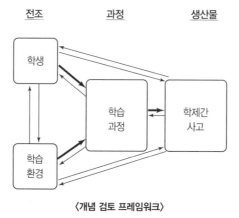

전조　　　　과정　　　　생산물

〈개념 검토 프레임워크〉

출처: pelt, E. J., Biemans, H. J., Tobi, H., Luning, P. A., & Mulder, M. (2009). Teaching and learning in interdisciplinary higher education: A systematic review. Educational Psychology Review, 21(4), 365.

　　다음 페이지의 표는 위의 그림에 근거하여 각각의 요소(학생, 학습 환경, 학습 과정, 융합적 사고)에 따른 기술 및 조건들을 열거해 놓은 것이다. 융합교육과정의 가장 큰 효과는 메타인지적 사고 기술의 배양이라고 할 수 있다. 학습자의 인식론적 발달과 내재화된 지식 구조의 발전은 학습자로 하여금 단순히 지식을 쌓는 것을 넘어서서 자신의 진보를 관찰하고 평가할 수 있게 함으로써 지속적인 지적 성장의 길로 이끈다. 이는 단순히 주어진 지식과 정보, 방법론에 대한 비판뿐 아니라 학습자 스스로가 문제를 해결하기 위해 도입한 연구 목적 및 반성 과정을 비판하고 성찰할 수 있게 하여 자아비판 및 인식을 가능케 한다.

　　또한 이러한 비판적 인식(critical awareness)의 과정은 학습자로 하여금 태도의 유연함을 가지게 한다. 유연함은 다양한 학문 영역을 섭렵

융합교육을 위한 잠재적 하위 기술 및 조건		
융합적 사고	지식 확보	융합 지식 융합 패러다임 지식 학제간 지식
	스킬 확보	고차원 인지 능력 커뮤니케이션 능력
학생	개인적 특성	호기심 존경 솔직함 인내 부지런함 자율 규제
	이전 경험	사회적 교육적
	커리큘럼	융합과 학제간 균형 학제간 내·외부 과정의 훈육 지식
학습 환경	교사	학제간 초점을 맞춘 지적 공동체 학제간 합의 팀 발전 팀 교수법
	교육법	학제간 달성을 목표로 삼음 적극적인 학습 달성을 목표로 삼음 협업 달성을 목표로 삼음
	평가	학생들의 지적 성장 학제간
학습 과정	패턴	점진적인 발전에 따라 단계적 선형 반복적 맞닥뜨리는 질문들이 있는 이정표
	학습 활동	학제간 달성을 목표로 삼음 반영하는 것을 목표로 삼음

출처: pelt, E. J., Biemans, H. J., Tobi, H., Luning, P. A., & Mulder, M. (2009). Teaching and learning in interdisciplinary higher education: A systematic review. Educational Psychology Review, 21(4), 365.

함에 있어서 각 학문이 가진 연구 과정의 다름을 존중하는 가운데서도, 다학문 영역을 포괄 및 통합할 수 있는 공통점을 찾는 데 적극적으로 관여하고 소통하는 자세를 갖게 만든다.

인식론적 결합을 통한 학문적 인지적 발전이야말로 융합교육의 '핵'이라고 할 수 있겠다. 이런 핵심적 결과를 창출하는 과정의 중심에는 다양한 학문적 배경과 철학 그리고 인식론을 가진 사람들이 공통된 주제 및 문제를 가지고 충분히 소통하고 토론하며 씨름하는 '시간'과 공통된 '경험'이 있다. 이것은 이 책에서 다룬 다양한 융합 프로젝트 사례들을 관통하는 특징이기도 하다. 다음은 융합교육과정을 통

구분	내용
Ackerman(1989) [5]	• 유연한 사고 • 비유(analogies)와 은유(metaphors)를 생성해낼 수 있는 능력 • 학문 영역의 강점과 제한점에 대한 이해 • 습득된 지식에 대한 가치를 평가할 수 있는 능력
Ackerman&Perkins (1989) [6]	• 향상된 사고와 학습 기술 • 고차원적인 인식 기술 • 향상된 내용 기억 능력 • 적극적이고 자기 주도적인 사고 기술 능력 • 별로 비슷해 보이지 않는 맥락을 연결시키는 능력
Field, Lee&Field(1994) [7]	• 모호함과 모순을 참을 수 있는 능력 • 이슈가 가지고 있는 윤리적 영역에 대한 민감성 • 넓어진 관점과 조망 • 조합 혹은 통합할 수 있는 능력 • 향상된 창의력, 독창적인 통찰력, 관습에 얽매이지 않는 사고 • 향상된 비판적 사고 • 주관적, 객관적 사고의 조화를 인지할 수 있는 능력 • 겸손, 편견에 대한 민감성

해 학생들이 얻을 수 있는 역량을 연구별로 정리해 놓은 것이다.

　융합교육의 목표는 학생이 과업을 해결하는 과정에서 비판적이고 독립적인 사고, 전체적 혹은 메타인지적 사고, 스스로에 대한 반성 및 평가, 그리고 다른 이들과 공감하고 소통할 수 있는 능력을 배양할 수 있게 해 주는 것이다. 이는 곧 "무엇을 두려워하거나 염려하지 않고, 무엇을 생각해야 옳은지 고민하지 않고, 교사가 우리가 무엇을 생각하기를 바라는지, 혹은 시험 채점관이 우리에게 요구하는 답안이 무엇인지에 얽매이지 않고, 오로지 우리의 생각에 스스로 관여할 수 있는" 지적 자유야말로 융합교육이 추구할 수 있는 최상의 목표임을 의미한다.[8]

　250쪽의 표는 융합적 사고를 위한 개인 혹은 팀 안에서 메타인지를 끌어내기 위한 질문들을 정리한 것이다.

5　Ackerman, D. B. (1989). Intellectual and practical criteria for successful curriculum integration. In H. H. Jacobs (Ed.), Interdisciplinary curriculum : Design and implementation. (pp. 25 – 38). Alexandria, VA : Association for Supervision and Curriculum Development.

6　Field, M., Lee, R., & Field, M. L. (1994). Assessing interdisciplinary learning. New Directions for Teaching and Learning, 58, 69 – 84.

7　Ackerman, D. B., & Perkins, D. N. (1989). Integrating thinking and learning skills across the curriculum. In H. H. Jacobs (Ed.), Interdisciplinary curriculum : Design and implementation. (pp.77 – 96). Alexandria, VA : Association for Supervision and Curriculum Development.

8　라이언, 앨런(2019) '교양교육 : 과학도 예외는 아니다!' in 리차드 도킨스 외(노윤기 옮김) (2019). 옥스퍼드 튜토리얼. 바다출판사.

메타인지를 끌어내기 위한 질문

- 당신은 특정 유형의 연구 혹은 설명에 편견을 가지고 있는가? 현재 프로젝트를 진행하는데 그 가치를 확신할 수 있는가?

- 어떤 특성에 근거하여 당신의 프로젝트와 관계있는 대상을 분류하는가? 다른 범주화도 가능한가? 당신이 통계학을 사용한다면 상관관계를 찾기 위해 다른 임계값을 적용할 수 있는가? 그렇지 않다면 그 이유는 무엇인가?

- 연구 주제의 이 은유나 모델이 어떻게 여러분의 이전 경험 혹은 지식과 연관되도록 도울 수 있는가? 은유나 모델에 몇 가지 수정을 하는 것이 도움이 되겠는가?

- 이러한 과업을 마지막으로 수행했을 때, 이번에는 어떤 일을 다르게 접근했나? 과거에 일이 잘 되어서, 이번에는 어떤 일을 다시 해야만 했나?

- 당신의 과업을 융합적 맥락에서 평가할 때, 당신은 그것을 수행하는 데 있어서 당신의 통상적인 전략을 어떻게 수정할 수 있는가? 그 경우에 무엇을 잃어버릴 것인가?

- 지금까지의 결과에 대한 혼란으로 인해 위험에 처한 문제에 대한 몇 가지 기본적인 가정이나 정의를 재고해야 할 가능성이 있다고 생각하나?

- 다른 팀원의 문제에 대한 통찰력을 얻게 되면 초기 통찰력이 어떤 의미에서 부족했음을 깨닫게 될 것이다.

- 왜 당신이 제안했던 작업이 어려운 문제를 해결하는 데 최적이라고 생각하는가? 대체 노선이 가능한가?

- 팀으로서 어떤 목표를 정했고 그 목표에 도달하기 위해 어떤 계획을 세웠는가? 현재 계획에서 발생할 수 있는 문제들은 무엇인가? 이러한 질문에 대한 답변이 다양한가?

- 정밀 조사 중인 복잡한 시스템의 시각적 표현을 다른 팀 구성원의 시각적

표현과 비교할 때, 표현 간의 차이를 식별할 수 있는가? 예를 들어 손실되었거나 전·후 배치된 특징은 무엇인가?

- 면밀한 조사를 받고 있는 문제의 모든 특징들 중에서, 당신의 융합적 관점에서 볼 때 무엇이 이치에 맞고 무엇이 맞지 않는가? 혹은 특별히 이해하기 어려운 것은 무엇인가? 무엇에 대해 더 알고 싶은가?
- 당신은 새로운 문제 해결 전략을 사용할 준비가 되었는가? 아니면 과거에 효과가 있었던 것들을 적용하고 다른 것들은 피하고 싶은가?

출처: Keestra, M. (2017). Metacognition and reflection by interdisciplinary experts: Insights from cognitive science and Philosophy, 161쪽.

8장

**학생의 주체성을
키워주는 교육**

융합교육의 궁극적인 목적

변혁적 역량

국제적으로 4차 산업혁명으로 인한 노동과 교육에서의 급격한 변화에 대처하기 위해 '변혁적 역량(transformative competencies)'라는 새로운 개념을 만들고 교육제도 내에 도입하기 위한 논의가 활발해지고 있다. 특히 OECD에서 발표한 Education 2030 프로젝트에 따르면 변혁적 역량은 "삶의 모든 영역에서 사회를 변혁하고 더 나은 미래의 삶을 만들기 위해 적극적으로 참여하는 데 요구하는 능력으로 경제적 활동 및 삶의 광범위한 맥락에 걸쳐 개인적이고 사회적 유익을 야기하는 차원의 성공(success)을 넘어, 개인과 사회의 웰빙(well-being)을 지향" 하는 것이 특징이다.

변혁적 역량을 목표로 하는 학습 프레임워크의 핵심 개념은 '학생

주체성(student agency)'으로 학생이 불확실하고 복잡한 세계에 적극적으로 참여하고 긍정적인 변화를 일으키는 책임감 있는 주체가 되어야 함을 의미한다. 이러한 변혁적 역량과 학생 주체성은 국제개발학(International development)에서 통용되는 아마티아 센(Amartya Sen)의 '토대 역량(Capability approach)' 개념과도 깊은 연관성을 가진다.

토대 역량은 개발의 본질을 논의할 때 경제적 풍요로움보다는 개인의 자유 확장에 중심을 두며 개인의 주체적이고 능동적인 '자유의 확대'와 '인간의 발전'이라는 가치가 소외 계층의 교육적 성장 논의에 중요한 초점이 된다. 이런 관점에서 볼 때 앞으로의 융합교육은 학생의 자유와 주체성을 향상시키며 발현할 수 있는 방향으로 발전되어가야 하며, 개개인에 맞춘 학습을 제공해 줄 수 있는 인공지능을 기반으로 한 개별화된 교육 플랫폼 및 기술이야말로 이를 가능케 해주는 기폭제가 될 것이다.

좀 더 구체적으로 살펴보자면, '변혁적 역량'은 다음 페이지의 그림에 나온 것처럼 세 가지 의미를 가진다. 따라서 융합교육은 특정 학문의 세부 지식보다 다양한 학문을 아우를 수 있는 핵심 개념 및 패턴을 학생들에게 가르치고, 이를 바탕으로 학생들이 살아가는 세계와 실생활에서 맞닥뜨리는 다양한 문제와 현상을 이해하고 해결할 수 있는 역량을 기르는 데 초점이 맞추어져야 한다.

이러한 교육적 과정을 통해 학생들은 자신들의 삶을 주체적으로 설계하고 책임감 있게 목표를 향해 실행할 수 있는 지식과 스킬을 습득하게 되며, 나아가 자신의 선택과 계획이 사회적으로 어떠한 영향을

새로운 가치 창조하기(Creating new value)

- 새로운 제품과 서비스, 새로운 직업, 새로운 생활 방식, 새로운 절차와 방법 등 창의적으로 생각하고 새로운 것을 개발할 수 있는 역량
- 이를 위해 적응성, 창의성, 호기심, 개방성과 같은 태도와 자질이 요구

긴장과 딜레마 해소하기(Reconciling tensions and dilemmas)

- 현대사회가 요구하는 형평성과 자유, 효율성과 민주적 과정 등의 대립 요소 중에 자신의 관점과 다른 사람들의 관점을 조화시키고 균형을 유지하는 능력
- 개인은 성급하게 결정하지 않고 자신과 타인의 욕구 및 상호 의존성을 이해하는 통합적인 사고방식이 필요

책임감 가지기(Taking responsibility)

- 자신의 행동이 가져올 결과를 고려하고, 그것에 대한 책임을 받아들일 수 있는 능력
- 창의성과 문제해결능력 등 다양한 역량의 밑바탕

출처: OECD Learning Compass 2030: Concept Notes

끼칠 수 있는지 배우게 된다. 어마어마한 속도로 변화하며 복잡하고 불명확한 미래를 대처해 나가는 데 있어서 필연적으로 생기는 긴장과 딜레마를 풀어나가는 방법으로 가장 좋은 방법은 주변 사람들과의 협동 및 협업이라는 것을 자연스럽게 배울 수 있어야 한다.

〈학습 목표〉

출처: W. Holmes, M. Bialik, C. Fadel (정제영, 이선복 역) (2020). 『인공지능 시대의 미래교육』. 박영스토리. 7쪽.

　이러한 학습 목표와 과정은 위의 그림과 같이 도식화해서 설명될 수 있다. 하지만 이러한 변혁적 역량교육이 제대로 이루어지기 위해서는 기초 리터러시(basic literacy)의 강화가 선행되어야 한다. 여기서 말하는 기초 리터러시는 전통적인 교육과정에서 가르쳤던 국어, 영어, 수학 중심의 문해력(literacy) 및 수리력(numeracy)을 포함하지만, 그 내용은 대폭 줄어들어야 한다. 이를 통해 남는 시간에 융합교육과정을 통해 여러 과목을 포괄할 수 있는 핵심 개념 습득 및 현대 사회의 변화를 반영하는 새로운 내용으로 대체되어야 한다. 그 예로는 헬스 리터러시(health literacy), 환경 리터러시(environmental literacy), 디지털 리터러시(digital literacy), 데이터 리터러시(data literacy) 등이 있다.
　이러한 다양한 리터러시 역량을 진단하고 보강하는 방안이 현재로서는 급선무라 할 수 있다. 왜냐하면 변혁적 역량 개념 틀은 지식을 학문적, 간학문적, 인식론적, 절차적 지식으로 세분화하여 다양한 지식의 측면을 강조하기 때문이다. 따라서 학교 교육과정이 지식의 이론적 측면뿐만 아니라 지식의 수행성과 상호 연계성에 초점을 맞추어 교육적으로 적합하다고 판단되는 다양한 측면의 지식을 함께 다룰 수 있도록 기존 내용 체계를 검토하고 재구조화할 필요가 있다.

즉 "학생들은 인터넷을 통해 쉽게 접근하고 조작할 수 있는 내용을 배우는 것보다는 개념을 통해 다른 맥락에 활용할 수 있는 전이의 능력과 전문성 계발에 더 많은 시간을 보내야 한다."[1] 뿐만 아니라 학생 역량을 평가하는 데 있어서 기존의 객관식 평가에서 벗어나, 학생이 가진 주체성이 얼마나 발현되고 있는지를 새로운 가치 창조, 다른 관점과의 조화와 균형, 책임감, 융합교육적 관점 등 다면적인 개념 및 가치로 판단하고 해석할 수 있는 질적 평가 지표의 개발이 시급하다.

전환 학습으로의 융합영재교육

교육을 뜻하는 영어 단어 'education'은 '훈련하다', '틀에 맞추다'라는 뜻의 라틴어 'educare'와 '밖으로 드러내다', '앞으로 이끌다'라는 뜻의 'educere'에서 파생했다고 알려져 있다. 생각과 마음의 틀 자체를 바

---

1   W. Holmes, M. Bialik, C. Fadel (정제영, 이선복 역) (2020). 『인공지능 시대의 미래교육』. 박영스토리. 36쪽.

꾸는 '전환 학습'은 융합교육에 대해서도 새로운 모델을 제시하는데, 전환 학습에 따르면 4차 산업혁명 시대의 교육은 'educare'가 아니라 'educere'의 의미를 지니게 될 것이다.

　기존의 예측 가능한 시대에서는 교사가 학생에게 한정적인 지식을 전달하는 일방향적이고 고정적인 과정이 중요했다면, 융복합 시대는 유기적이고 관계적인 형식으로 변모하게 된다. 또한 전통적 교육이 이전 세대가 가진 이상적인 지식을 보전하고 전하는 것을 목적으로 삼는다면, 융복합 시대의 교육은 학생이 학교라는 사회에서 동급생과 교사와 함께 유기적 공동체를 이루며 함께 지식을 진보하게 만드는 것을 목적으로 삼는다.

　다음의 그림에서 보이는 바처럼 전환 학습은 생각의 틀 자체를 바

정보적 : 무엇을 아는가에 있어서의 변화

전환적 : 어떻게 아는가에 있어서의 변화

〈정보 학습 vs 전환 학습〉[2]

꾸는 연습이요 훈련이다. 그럼 과연 생각의 틀을 바꾼다는 것은 무엇을 의미할까? 하버드 대학의 로버트 케건(Robert Kegan) 교수는 역사 연구를 예를 들어 전환 학습을 다음과 같이 설명한다:

> 예를 들어 어떤 이가 역사 연구에 있어서 구체적인 사고에 매어 있다면 정보적 형태의 추가 학습(further learning)은 역사적 사실들이나 사건들, 인물들, 결과들을 더 숙달하는 것을 말한다. 하지만 전환적 형태의 추가 학습은 사실에 관한, 보다 일반적이고 주제에 관련된 질문을 할 수 있도록 또는 그 사실을 만들어 내는 역사적 설명을 기술했던 사람들의 관점이나 편견들을 고려하도록 추상적 사고의 용량을 발달시키는 것도 포함한다. 두 종류의 학습은 확장적이고 가치가 있다. 하나는 선행하는 마음의 틀 내에서 이루어지는 것이고, 다른 하나는 틀 자체를 재구성하는 것이다. [3]

이는 책의 서두에서 언급한 '인지적 유연성'과도 깊은 연관을 갖는다. 실제로 전환 학습이란 개념을 처음 소개하고 대중화시킨 잭 메지로우(Jack Mezirow) 교수가 전환 학습을 설명하면서 사용한 용어, '인식론적인 준거틀(Frame of reference)'이야 말로 인지적 유연성을 설명하기

2　Robert Kegan, '무슨 '모양 form'이 전환하는가: 전환학습에 관한 구성적, 발달론적 접근' In Knud Illeris (전주성, 강찬석, 김태훈 역) (2013) 현대학습이론(Contemporary Theories of Learning). 서울: 학지사, 99쪽.

3　앞의 책 98쪽.

에 알맞은 개념이라 할 수 있다. 메지로우 교수에 따르면 우리가 가지고 있는 인식의 준거틀은 다음과 같은 속성을 갖는다:

> 우리의 준거틀은 열정적으로 붙들고 있을 수도 혹은 우연히 쥐고 있을 수도 있어서, 정서적인 혹은 감정적인 색채를 띤다. 우리의 준거틀은 가족적인 충성이나 혹은 부족적인 정체성을 표현하는 것일 수도 있어서, 그것은 분명 사회적 또는 인간관계적 색채를 띤다. 우리의 준거틀은 암묵적이거나 명시적인 윤리적 차원을 가지고 있을 수 있어서, 그것은 분명 도덕적 색채를 띤다.[4]

하지만 이런 모든 속성을 갖는 현상 그 안에는 사고 습관과 시각이라는 두 요소가 자리 잡고 있다. 즉 이 두 요소가 시사하는 바는 준거틀은 근본적으로 앎의 방식이며, 이러한 앎의 방식은 다음의 그림과 같은 학습 사이클을 통해 변형되고, 전환되며, 강화되어 간다는 것이다.

학습 사이클이 시사하는 바처럼 융합교육이 효과적이기 위해서는 구체적인 경험에 더해 학습자가 스스로 학습 과정을 관찰하고 성찰하는 시간과 여유가 필요하다. 이러한 과정이 바로 앞서 설명했던 다양한 실패와 시도를 통해 얻은 깨달음을 학생 스스로 '내 것으로 만드

---

4   Robert Kegan, '무슨 '모양 form'이 전환하는가: 전환학습에 관한 구성적, 발달론적 접근' In Knud Illeris (전주성, 강찬석, 김태훈 역) (2013) 현대학습이론(Contemporary Theories of Learning). 서울: 학지사. 102쪽.

5   Kolb, D.A. 1984. Experiential Learning: Experience as the Source of Learning and Development Englewood Cliffs, NJ: Prentice Hall. p.21

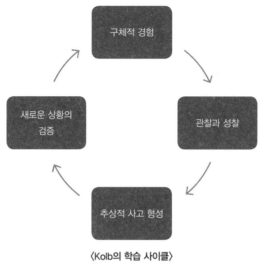

〈Kolb의 학습 사이클〉

출처: Kolb (1984)[5]

는' 내재화(internalization)의 과정이기도 하다. 이를 통해 학습은 단순히 지식 습득에서 머물지 않고 학습자가 가지고 있는 여러 개념들을 발전 융합시키며 일반화시키는 단계까지 올라가게 된다.

학습자가 발전된 개념을 새로운 상황에 적용시키고 시사점을 검증하는 상태까지 나아가게 되면, 학습자는 위에서 언급한 인지적 유연성을 기르게 되는데, 이 과정을 통해 전환 학습의 주요한 핵심인 인식론적 틀을 바꾸는 계기를 맞기도 한다.

전환 학습을 융합교육에 적용시켰을 때 학습자는 전문 분야의 지식 및 기술에 대한 학습뿐만 아니라 이를 타 분야와 적용시켜서 다른 관점으로 만들어 내고 실생활에서 적용시킬 수 있는 능력을 배양하게 된다. 이를 통해 비판적 사고, 자신감, 창의성과 같은 기본적인 역량 뿐만 아니라 커뮤니케이션, 시간 관리, 화법 등 다른 직업에서도 쓰일 수 있는 능력(transferable skills) 등을 배울 수 있게 된다. 다음의 그림은 이러한 융합교육의 기술적인 측면을 도식화해 놓은 것이다.

이 교육 모형이 강조하는 '성찰, 인지적 유연성, 비판적 사고, 적용' 등의 개념은 또한 심리학과 교육학에서 많이 회자되는 개념인 '메타 인지'의 강조점이기도 하다. 우리나라에 메타인지 개념을 처음으로 소개하고 대중화시킨 미국 버나드 대학의 리사 손 교수에 따르면 메타인지는 고대 시대부터 잘 알려진 인간의 기본 능력 중의 하나로 "고

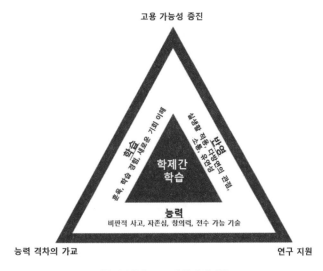

〈학제간 학습(IDL) 교육학적 삼각형〉

출처: Souppez, J. B. (2016, September). An Interdisciplinary Approach to Education: Case Study of an Academic Exchange. In Education & Professional Development of Engineers in the Maritime Industry.

대 그리스 델포이 아폴로 신전 기둥에 새겨져 있던 그 유명한 신탁 '너 자신을 알라(Know Thyself)', 이것이 바로 메타인지"이다.[6]

자기 자신을 알기 위해 가장 선행되어야 하는 작업은 바로 자기 자신을 들여다보는 성찰의 과정으로 "자기의 모든 인지 과정을 그대로 보여주는 거울" 즉 자기 거울(a reflection of the self)인 셈인데, 한마디로 메타인지는 "자신의 기억, 느낌, 지각하는 모든 것을 완벽하게 판단할 수 있는 능력"이라 정의할 수 있다.[7]

전환 학습이 융합교육과정에 시사하는 바는 학습 전반에 걸쳐 학생으로 하여금 메타인지를 기르도록 격려하며 알려주어야 한다는 것이다. 다시 한번 강조하지만 학생으로 하여금 학습 과정의 목표는 단순히 지식의 축적만이 아니라 자신의 학습 과정을 자세히 들여다보면서 성찰하는 그 자체가 중요함을 상기시켜야 한다. 이를 통해 학생은 구체적인 경험과 만남을 통해 세상을 바라보면서 다양한 관점에 대해 눈을 뜨게 된다. 또한 내가 부딪치는 문제를 해결할 수 있는 방법이 한 가지가 아닌 여러 가지 솔루션이 있다는 사실을 깨닫게 된다.

한 가지 길이 아닌 다양한 길이 있다는 것, 그리고 그 다양한 길은 많은 사람과의 의미 있는 만남과 네트워크를 통해 모색하고 찾아낼 수 있다는 사실을 알려주는 것이 융합교육이 추구하는 궁극적인 목표라고 할 수 있다.

---

6 리사 손 (2019). 『메타인지 학습법, 생각하는 부모가 생각하는 아이를 만든다』. 21세기 북스. 18쪽.

7 위의 책 18쪽.

민사고 융합교육이 주는 시사점

융합교육에 대한 민사고 교사들의 피드백

민사고의 융합영재교육을 발전시키기 위한 장기적인 계획의 일환으로 융합교육에 참여하는 교사를 대상으로 설문조사를 진행하였다. 설문조사의 목적은 융합영재교육을 이루는 요소와 그에 맞는 교육학적 모델 및 이론을 제공함으로써 민사고의 교사가 진행하는 융합교육 수업에 대해 교사와 학생 스스로 객관적인 평가할 수 있는 기회를 제공하는 것이었다.

설문은 각각 요소에 대한 융합영재교육 과정 평가 루브릭(evaluation rubric)을 사용한 양적 평가와 교사 개개인의 더 자세한 고찰을 자유 형식으로 쓰는 질적 고찰 두 가지로 모든 문항을 만들어졌다. 교사는 융합독서, 상상력, 프로젝트 수업의 강의 계획서 작성, 수업 실행, 평가까지의 전 과정에 대한 이해와 경험을 바탕으로 설문을 작성하였다. 답변의 정확성을 위하여 코딩 과정부터 교사의 이름을 삭제하고 진행하였으며, 다만 답변의 구체성을 위해 이름을 제외한 관련 내용은 그대로 두고 분석하였다. 다음은 설문조사에서 나온 융합교육 프로젝트에 대한 피드백을 요소별로 요약 정리해 놓은 표이다.

요소	교사	학생
교육과정	융합적 요소의 논리적 구조 부분의 취약함.	
학습목표	대부분 추상적이고 거대한 목표로 시작. 따라서 모호하고 열린 목표를 기술할 수 있는 확산적 접근 방식이 필요.	학생의 내적 동기를 이끌어 낼 수 있는 학습 목표 필요.
학습 활동	리더 격인 학생의 역량이나 적극성에 따라 프로젝트의 진행이 크게 좌우.	선생님과 학생, 학생들 간의 상호작용을 촉진할 수 있는 활동 필요.
과제/학생 산출물	산출물이 부족한 시간과 예산으로 인하여 달라지는 경우가 종종 생김.	
평가	대부분 포트폴리오(최종 보고서)와 산출물로써 평가.	평가가 절대평가(Pass/Fail)이기 때문에 결과의 실패, 성공의 여부와 관계 없이 열심히 참여하기만 하면 많은 것을 느낄수 있음. 지도교사의 평가 외에 더 많은 사람들의 평가와 피드백을 받을 수 있는 기회가 필요.
차별화		학생들이 스스로 팀을 이루어 탐구해 나가고 싶은 것을 하는 활동이기에 의미를 가짐.
재능 개발	지도교사의 전공이나 관심분야가 주제와 연계될 경우 학생의 흥미와 선호에 맞게 조언과 개입이 가능하지만, 상당수의 경우 지도교사의 전공과 상관없이 배치.	실제 사회에 나가서 프로젝트를 진행하면 어떤 한계가 있고 어떻게 진행해야 하는지 선행 학습을 할 수 있어 좋음.

자원	프로젝트 발표회 외에 차별화된 표현 기회가 제공되지 못함.	재정적 지원 외에 학생들의 참여를 유도하는 인센티브 필요.
사회 정서적 발달	과학/기술 분야 프로젝트 활동을 하는 학생들이 사회적 영향력에 대해 고려할 기회가 많이 존재.	학생들이 자율적으로 흥미 있는 분야를 스스로 융합해 주제를 선정하고 예산을 받아 연구할 수 있다는 점이 좋음.
학생 참여도	아주 높음.	열심히 하는 팀과 아닌 팀, 그리고 열심히 하는 학생과 아닌 학생 등 팀별 개인별 편차가 큼.
수업 만족도	높음.	전체 융합 프로그램(독서, 상상력, 프로젝트) 중에 가장 만족도가 높음.
기타	<td colspan="2">– 지도교사 두 명과 학생들이 만나서 이야기할 수 있는 시간과 여유가 더 필요함. – 최종 산출물을 더 개선하거나 활용하기 위한 정보 시스템 필요. – 융합 프로젝트 주제를 학생이 아닌 (전공과 능력에 맞게) 교사가 제시하여 학생들을 팀으로 모으는 제도도 필요. – 프로젝트 시간에 자습을 하는 소극적인 참여 학생들을 관리할 방안 필요.</td>

민사고에서 3단계 융합교육 프로그램을 진행한지 채 4년이 되지 않았지만, 학생들과 교사들 사이에선 융합교육 프로그램에 대해 대체로 만족한다는 의견이다.

융합교육 수업의 만족도에서 가장 높은 점수를 주었던 교사들의 경우 융합교육 프로그램 자체가 학생들에게 흥미를 유도하기 좋은 수업이며 평가도 Pass/Fail 시스템으로 하기 때문에 학생들에게 부담이 적어 지속적으로 발전할 가능성이 있다고 생각하였다. 또한 수업 초반에는 어려웠지만 학생들의 관심이 확대되고 인지적 측면이 성장하고 있는 것을 보면서 그 어느 다른 수업보다 의미가 있다는 의견을 제시하기도 했다.

이렇게 자율성의 측면에서는 긍정적으로 평가했지만, 프로그램을 운영하는 과정에서 Pass/Fail 과목이기에 학생들의 동기부여가 제한적이고 팀별 과제로 일부 무임승차하는 경우도 있다고 답했다. 또한 교사의 전문성에 따라 교육의 차이가 크게 나고 교사의 역량에 의존적이기 때문에 학생 주도적인 진행이 쉽지 않다고 답하기도 했다.

물론 프로그램 별로 학생과 교사의 의견이 차이가 나기도 하고 무엇보다 교사의 수준과 관심에 따라 수업의 질이 차이가 많이 난다는 단점이 있다. 하지만 이것은 융합교육 프로그램이 초기 단계여서 드러나는 문제점이라고 할 수 있다.

진화하는 교육

우리나라의 다른 고등학교에서 융합교육을 진행하는 교사 대부분이 융합교육을 처음 시작하기 때문에 정형화된 모델을 만드는 데 어려움을 겪고 있다고 응답했다. 기존의 교과 과정과 달리 융합교육이 정형화되지 않아서 겪는 어려움은 당연한 것으로 볼 수 있는데 이는 민사고라고 다를 바가 없다. 이는 교사와 학생의 개인적이고 독창적인 관점과 창의성이 반영되는 비선형적인 구조를 가진 융합교육이 갖는 고유한 어려움이라고도 해석할 수 있다.

민사고 교사들이 지적한 가장 큰 문제점은 융합교육에 대한 이론이나 모형을 교사들이 배울 기회가 부족했다는 점, 그리고 이론적 문제에 대한 고찰이나 토론을 할 시간적 여유가 현저히 부족하다는 점이었다. 따라서 교사들이 수업 계획서를 만들기에 앞서 전문가로부터 융합영재교육에 대한 개념적 이론적 학습을 할 수 있는 기회가 주어져야 하며, 더 중요한 것은 이를 자신의 수업에 적용시켜 보고 다른 교사들과 소통하면서 다듬는 시간이 필요하다.

이를 위해 민사고에서는 지속적으로 교사와 학생 설문을 통해 융합교육과정에 대한 피드백을 받고 이를 교육과정에 반영하여 업데이트하려는 노력을 기울이고 있다. 설문 결과를 바탕으로 융합영재교육과정을 최신 교육 트렌드와 교육학 이론에 맞게 설계해 나가기 위해 교장단과 학교의 자문 위원인 저자(김선)가 주축이 되어 연구를 진행하고 있고, 정기적인 교사 워크숍을 통해 이를 민사고 교사들과 공유해 나가고 있다.

이러한 활동을 통해 융합교육 프로그램의 이론적 근거나 모형이 구체적으로 제시되고, 각 수업에 맞게 적용되고 변형되어야 할 필요성을 공유하며, 기존의 수업에 적용되는 다양한 페다고지, 방법론, 교육목표 및 과정적인 측면에서 어떻게 융합적 요소 및 통합을 더 강화할 수 있을 것인가에 대해 고찰을 지속하고 있는 것이다.

무엇보다도 이러한 과정을 통해서 학교의 리더십이 학생들에게 심어주고자 하는 메시지는 '실패를 통해서 배워라'이다. 이 메시지는 클리셰(cliché)로 들릴 수도 있지만, 민사고의 융합교육 프로그램을 관통하는 하나의 주제이기도 하다.

학생들로 하여금 다양한 프로젝트와 프로그램을 통해서 적극적으로 실패를 경험하고, 무수한 실패를 통해서 배운 여러 가지 깨달음을 학생 스스로 내재화시킬 수 있는 기회를 제공하고자 하는 것이다. 따라서 이 책에 나온 다양한 프로젝트 사례도 단순히 민사고 학생들이 이렇게 훌륭한 프로젝트를 진행했다는 것을 과시하거나 설명하기보다 얼마나 많이 '시도'하고 '실패'하면서 학생들 나름대로의 결과물을 만들어 내었는지 보여주는 예시로써 의미를 가졌으면 한다. 궁극적으로는 이러한 과정을 통해 우리나라 융합교육 모델에 뜻깊은 시사점을 만들 수 있으리라 기대한다.

민사고의 특별한 수업

세계가 주목한 민사고 융합영재교육의 비밀

1판 1쇄 발행 2022년 4월 11일

지은이 　 김선, 이상형, 최민성, 박제우
발행처 　 도서출판 혜화동
발행인 　 이상호
편집 　 권은경, 권지영

주소 　 서울특별시 강서구 공항대로 237 (마곡동) 에이스타워마곡 1108호 (07803)
등록 　 2017년 8월 16일 (제2017-000158호)
전화 　 070-8728-7484
팩스 　 031-624-5386
전자우편 　 hyehwadong79@naver.com
ISBN 　 979-11-90049-28-3 43370

• 책값은 뒤표지에 있습니다.
• 잘못된 책은 바꾸어 드립니다